अज्ञेय
प्रकृति-काव्य काव्य-प्रकृति

संजय कुमार

वाणी प्रकाशन

वाणी प्रकाशन

4695, 21-ए, दरियागंज, नयी दिल्ली 110 002

शाखा

अशोक राजपथ, पटना 800 004

फ़ोन: +91 11 23273167 फ़ैक्स: +91 11 23275710

www.vaniprakashan.in

vaniprakashan@gmail.com

AJNEYA : PRAKRATI-KAVYA KAVYA-PRAKRATI

by Sanjay Kumar

ISBN : 81-7055-388-1

Criticism

प्रथम संस्करण 1995

द्वितीय संस्करण 2012

मूल्य : ₹ 225

मेहरा ऑफ़सेट, नयी दिल्ली-110002 में मुद्रित

वाणी प्रकाशन का लोगो मक़बूल फ़िदा हुसेन की कूची से

मां और पापा के लिए

भूमिका

मुक्तिबोध और अज्ञेय मेरे प्रिय लेखकों में से हैं। हिन्दी-साहित्य के पाठकों के सामने मुक्तिबोध की रचनाओं की तस्वीर बहुत हद तक साफ है, पर यही बात अज्ञेय के मामले में नहीं कही जा सकती। उनके निजी जीवन को लेकर हिन्दी में जो विवाद हुए हैं, वे आमतौर पर कुछ लोगों की ओछी और संकीर्ण मानसिकता के परिचायक हैं। उनके साहित्य के सम्बन्ध में जो बहसें हुई हैं, उसमें पॉलेमिक्स अधिक है। हिन्दी आलोचना में भी अज्ञेय को लेकर परस्पर गंभीर मतभेद है। इन बातों से अज्ञेय का काव्य-व्यक्तित्व धुंधलाया ही अधिक है। मेरी यह इच्छा रही है कि इन मतभेदों, बहसों और विवादों के गर्द-गुबार के बीच से रास्ता बनाते हुए अज्ञेय के साहित्य की साफ झलक देखी जाये। मेरी इस इच्छा ने और गुरुवर नामवरसिंह के सुझाव ने मुझे यह काम करने के लिए प्रेरित किया। अज्ञेय को समझने का यह मेरा शुरुआती प्रयास है। हो सकता है विद्वत-जनों को इस प्रयास में आद्योपान्त कच्चापन ही दिखाई पड़े। किन्तु, इस पुस्तक को लिखने की प्रक्रिया में अज्ञेय की रचनाओं ने जो चुनौतियां मेरे सामने रखीं और भाव-बोध के स्तर पर जितना समृद्ध बनाया—वही मेरी सबसे बड़ी उपलब्धि है। इन चुनौतियों के ही परिप्रेक्ष्य में आज स्वयं मेरे ही सामने इस छोटी-सी पुस्तक की सीमाएं स्पष्ट हो चली हैं। शायद भविष्य में अवसर मिले तो इन चुनौतियों से एक बार फिर रू-ब-रू होने का साहस करूंगा और अपने इस शुरुआती प्रयास को उचित परिणति तक पहुंचाने की कोशिश करूंगा।

इस पुस्तक के प्रथम अध्याय में मैंने 'रूपाम्बरा' की भूमिका के रूप में प्रकृति-काव्य पर अज्ञेय के लिखे एक लेख को आधार बनाया है, जो बाद में 'कवि-दृष्टि' में 'प्रकृति-काव्य : काव्य-प्रकृति' नाम से संकलित किया गया। इस लेख को मैंने एक तरह से यहां पुनःप्रस्तुत किया है, अपनी ओर से सिर्फ कहीं-कहीं छोटी-छोटी टिप्पणियां जोड़ दी हैं।

दूसरे, तीसरे और चौथे अध्याय में अज्ञेय की इस विषय से संबंधित कविताओं का पाठ्यालोचन किया गया है और इस पाठ्यालोचन के माध्यम से ही अज्ञेय के काव्य-विकास की कहानी बुनी गयी है। इन तीनों अध्यायों की अपनी-अपनी

एक अलग कहानी है—इसका दूसरा अध्याय मुख्य रूप से अज्ञेय के पूर्ववर्ती काव्य पर प्रकाश डालता है, जबकि तीसरा अध्याय अज्ञेय के उत्तर-काव्य पर। चौथा अध्याय दोनों जगह लगभग समान रूप से फैला हुआ है। इन बातों को ध्यान में रखकर कोई चाहे तो तीनों कहानियों के आपसी अन्तःसम्बन्धों को भी देख सकता है। अज्ञेय के काव्य में प्रकृति का बदला स्वरूप बहुत-से प्रश्नों, समस्याओं और चुनौतियों को सामने रखता है। यहां इन्हें प्रश्नों के रूप में उठा भर दिया गया है। वैसे, इन प्रश्नों में उत्तर के संकेत भी निहित हैं, लेकिन वैचारिक धरातल पर इनसे अंतिम अध्याय में जूझा गया है। अंतिम अध्याय में ही अज्ञेय की संवेदना के विकास को समग्रता में दिखाया गया है, और उनकी संवेदना और दृष्टि के सम्बन्ध की भी जांच-पड़ताल की गयी है। पांचवां अध्याय अज्ञेय के प्राकृतिक-प्रतीकों पर है। प्रसंगात् इनकी चर्चा पिछले अध्यायों में भी हुई है। लेकिन यहां मुख्य रूप से अज्ञेय के प्राकृतिक-प्रतीकों की विशेषताओं की चर्चा करते हुए, उन्हें तार्किक अन्विति में समेट लिया गया है।

इस पुस्तक को सबसे पहले एम०फिल० उपाधि के लिए एक लघु शोध-प्रबन्ध के रूप में लिखा गया था। जिसका संशोधित और परिवर्धित रूप यहां प्रस्तुत किया जा रहा है। लघु शोध-प्रबन्ध लिखने के दरम्यान जरूरत के समय बहुमूल्य सुझाव देकर और अपने ढंग से काम करने की आकाशधर्मी उन्मुक्तता देकर गुरुवर डॉ० नामवर सिंह ने जो मदद की, वह तो की ही। इस दरम्यान उनके जिस उदार और आत्मीय व्यक्तित्व से परिचित होने का सौभाग्य मिला वह अविस्मरणीय है।

अपने सहपाठी और प्रिय मित्र प्रणय कृष्ण श्रीवास्तव के साथ बहसों से और कभी-कभी उसके सुझावों से मुझे काफी लाभ मिला है। पर इसके लिए आभार प्रकट करके मैं अपनी मित्रता को छोटा नहीं करना चाहता।

दूसरे मित्र कृष्ण मोहन झा ने टाइप की अशुद्धियां आदि देखकर और अन्य दूसरे तरीकों से मेरी बहुत मदद की है।

मैं 'हिन्दी अकादमी' और उसके सचिव डॉ० विजय मोहन सिंह का बहुत कृतज्ञ हूं, जिन्होंने मेरी पाण्डुलिपि को 'प्रकाशन सहयोग योजना' के अन्तर्गत स्वीकृति देकर उसका शीघ्र प्रकाशन संभव बनाया। अरुण कुमार महेश्वरी ने मेरे जैसे नितांत नये लेखक की रचना को जिस विश्वास के साथ छापा है, उसके लिए मैं उनका आभारी हूं।

—संजय कुमार

जवाहरलाल नेहरू विश्वविद्यालय,
नयी दिल्ली, 1 मई '94

क्रम

प्रकृति-काव्य की परम्परा और नयी कविता अज्ञेय की दृष्टि में

यदि कविताओं, उपन्यासों और यात्रा-वृतान्तों में निहित प्रकृति-संबंधी समझ की बात छोड़ दें तो अज्ञेय ने 'प्रकृति-काव्य' पर सिर्फ एक ही लेख लिखा है, वह भी स्वतंत्र लेख के रूप में नहीं 'रूपाम्बरा' की भूमिका के रूप में। किन्तु, यह एक लेख ही प्रकृति सम्बन्धी उनके विचारों और चिन्ताओं से हमें बहुत कुछ परिचित कराता है, विचारों की स्पष्टता और उनके सरोकार हमें प्रभावित करते हैं। आगे हम इसी 'भूमिका' पर विचार करेंगे।

प्रकृति की चर्चा करते ही उसकी परिभाषा की बात उठ खड़ी होती है। हालांकि किसी विषय को परिभाषित करने के अपने खतरे होते हैं, इस बात की संभावना बनी रहती है कि परिभाषा की सीमा में बांधने की कोशिश में उस विषय के कुछ महत्त्वपूर्ण पहलू उसके बाहर ही छूट जायें या फिर किसी विषय के विस्तार को परिभाषा में बहुत घटा दिया जाय या इसके उल्ट उसे इतना अधिक विस्तृत कर दिया जाय कि सारा कुछ अस्पष्ट और अपरिभाषित ही रह जाय। अज्ञेय इन खतरों से अनजान नहीं हैं। तभी तो वे इस बात का जिक्र करते हैं कि वैज्ञानिक, दार्शनिक, धर्म तत्त्व के चिन्तक—सभी अलग-अलग ढंग से इस प्रश्न का उत्तर देते हैं, कि 'प्रकृति हम कहते किसे हैं?' अज्ञेय इस प्रश्न का स्वयं उत्तर देते हैं, लेकिन रूढ़ अर्थ में परिभाषा देने से अपने आपको बचाते हुए। वे सिर्फ कुछ मोटी रेखाएं खींचकर जैसे विषय को स्पष्ट कर देते हैं—"साधारण बोल-चाल में 'प्रकृति' 'मानव' का प्रतिपक्ष है, अर्थात् मानवेतर ही प्रकृति है—वह संपूर्ण परिवेश जिसमें मानव रहता है, जीता है, भोगता है और संस्कार ग्रहण करता है। और भी स्थूल दृष्टि से देखने पर प्रकृति मानवेतर का वह अंश हो जाती है जो कि इन्द्रियगोचर है—जिसे हम देख, सुन और छू सकते हैं, जिसकी गंध पा सकते हैं और जिसका आस्वादन कर सकते हैं।" किन्तु, साहित्य इन इन्द्रियगोचर मानवेतर की परिगणना मात्र तक अपने को सीमित नहीं करता, बल्कि अपनी रागात्मक तीव्रता में उसके आभ्यन्तर को स्पर्श करता हुआ एक नये कोण से, नये आलोक में

सब कुछ उद्‌भाषित कर जाता है। और इस तरह अति परिचय के कारण जो चीजें एक खास अर्थ में अपरिचित हो चली थीं, उनसे हमारा फिर से परिचय कराती है। वैसे, ऐसे अवसर भी साहित्य में आये हैं, जब साहित्यकार का काम प्रकृति के बाह्य सौन्दर्य के तत्त्वों के परिगणना मात्र तक सीमित कर लिया गया। किन्तु, ऐसे रचनात्मक अवरोध को साहित्य की अन्त.शक्ति ने स्वयं तोड़ा है। अज्ञेय के शब्दों में, "यह साहित्य की अन्तःशक्ति का ही प्रमाण है कि ऐसी रुग्णावस्था से वह फिर अपने को मुक्त कर ले सका है, और न केवल आभ्यन्तर की ओर उन्मुख हुआ है, बल्कि नयी और व्यापकतर संवेदना पाकर उस आभ्यन्तर के साथ नया राग-सम्बन्ध भी जोड़ सका है।"

अज्ञेय ने इस बात को रेखांकित किया है कि किसी साहित्यकार के राग-संबंध का स्वरूप उसकी 'दार्शनिक-पीठिका' पर निर्भर करता है। कोई प्रकृति को सत् मानता है, कोई असत्, कोई त्रिगुणमय—तो इन तीनों का राग-संबंध प्रकृति से भिन्न-भिन्न प्रकार का होगा। अज्ञेय यह मानते हैं कि "विभिन्न युगों के साहित्य-कारों के प्रकृति के प्रति भाव की पड़ताल करने में हम उन भावों में और साहित्य-कार के प्रकृति-दर्शन में स्पष्ट संबंध देख सकेंगे।" और यह ठीक भी है। स्वयं अज्ञेय ने इसी लेख में इस बात का उल्लेख किया है कि कैसे छायावादी कवियों के राग-संबंध का स्वरूप उनके प्रकृति-दर्शन के अनुकूल अलग-अलग प्रकार का है। किन्तु, इसकी चर्चा हम बाद में उचित संदर्भ में करेंगे।

आगे अज्ञेय ने संक्षेप में संस्कृत और हिन्दी प्रकृति-काव्य परम्परा का पुनराव-लोकन किया है और अलग-अलग ऐतिहासिक कालखण्डों में मिलनेवाली भिन्न-भिन्न प्रकार की प्रवृत्तियों को रेखांकित किया है। वैदिक युग में जब मानव ने प्रकृति पर विजय नहीं पायी थी तब वह उसे एक अलग सत्ता के रूप में देखता था और उसका सम्मान करता था। प्राकृतिक शक्तियों को वह देवता मानता था। किन्तु, यह देवता या सत्ता वैसी थी जिसे प्रार्थना के द्वारा अनुकूल बनाया जा सकता था। प्रकृति पर विजय न पाने की अपनी विवशता के कारण वैदिक युग का मनुष्य प्रकृति के साथ कोई रागात्मक संबंध नहीं विकसित कर पाया था। अपनी अद्‌भुत शक्तियों के कारण प्रकृति उसमें महज विस्मय का भाव जगाती थी। वह प्रकृति के नाना व्यापारों को 'शिशुवत विस्मय' से ताका करता था। जब उसने कहा कि 'हिरण्यगर्भः समवर्तताग्रे'—तो यह भी उसके 'भव्य-विस्मय' की ही उक्ति है। या उसने जब यह प्रश्न पूछा कि 'कस्मै देवाय हविषा विधेम' तो यह भी शुद्ध संशय का ही नहीं विस्मय का भी प्रतिबिम्ब है। कुछ यही बात 'उषा-सूक्त' एवं 'पृथ्वी-सूक्त' के बारे में भी कही जा सकती है। अज्ञेय के शब्दों में, "...काव्य की दृष्टि से ये सभी वैदिक मानव के विस्मय को ही प्रतिबिम्बित करती हैं—उस शिशुवत विस्मय को जिसमें भय का लेश भी नहीं है। 'ऋग्वेद' का 'मण्डूक-सूक्त'

इस विस्मयाह्लाद का उत्तम उदाहरण है।"

वैदिक-युग के बाद बाल्मीकि के युग में कवियों की प्रकृति के संबंध में दृष्टि बदली। इस काल तक मानव ने प्रकृति के साथ संघर्ष करते हुए उस पर कुछ हद तक विजय प्राप्त की। इस संघर्ष के दरम्यान वह प्रकृति को निकट से जान सका, कुछ अधिक परिचित हो सका। इस परिचय के कारण प्रेम का उदय हुआ और इस प्रेम के कारण वह प्रकृति में नानाविधि सौन्दर्य का उद्घाटन कर सका। अज्ञेय ने इस सामाजिक-ऐतिहासिक कारण की ओर अपने लेख में तो संकेत नहीं किया है, किन्तु इस युग में प्रकृति संबंधी दृष्टि में जो अन्तर आया—उसे उन्होंने बखूबी पकड़ा है—और कैसे आदिकवि बाल्मीकि के समाज-दर्शन और प्रकृति-दर्शन के बीच गहरा रिश्ता है—उसे स्पष्ट किया है। उन्हीं के शब्दों में, "बाल्मीकि के राम यद्यपि तुलसीदास के मर्यादा पुरुषोत्तम से भिन्न कोटि के नायक हैं तथापि मर्यादा का भाव बाल्मीकि में अत्यन्त पुष्ट है। बल्कि यह भी कहना अनुचित न होगा कि जिस घटना से आदिकाव्य का उद्भव माना जाता है वह घटना ही एक मर्यादा अंकित करती है।" आगे वात्स्यायन ने क्रौंच-वध वाली घटना का उल्लेख करते हुए इस बात को स्पष्ट किया है कि जो लोग उस घटना में 'शुद्ध कारुण्य' का भाव देखते हैं 'वे थोड़ी-सी भूल करते हैं।' इस घटना के मूल में 'जीव दया की अपेक्षा मर्यादा-भंग के विरोध' का ही भाव अधिक था। इसके बाद अज्ञेय ने दूसरा उदाहरण 'महाभारत' में पाण्डु से संबंधित कथा-प्रसंग का दिया है। "महाभारत में ही मृगया के जो ढेर सारे वृतान्त भरे पड़े हैं, उससे स्पष्ट है कि मृगया तो राज-धर्म का अंग था। किन्तु जिस विशेष परिस्थिति में उसने मृग-युगल की हत्या की वह मर्यादा के विरुद्ध था। इस घटना-प्रसंग से भी यही स्पष्ट होता है कि, ··· यहां भी जीव-दया का आत्यंतिक-आदर्श नहीं है, बल्कि जीव-वध की मर्यादा का ही निर्देश है।"

काव्य-युग में आकर प्रकृति-चित्रण की प्रकृति के फिर से बदलने के संकेत मिलते हैं। प्रकृति-चित्रण का स्वरूप शनैः-शनैः आलंबन से उद्दीपन की ओर बढ़ता है, लेकिन इसका अभिप्राय अभी उद्दीपन मात्र होकर नहीं रह गया है, जैसा कि रीतिकालीन कवियों में देखने को मिलता है। काव्य-युग में प्रकृति-चित्रण में जो अंतर आया, उसे पकड़ना आसान काम नहीं है। अज्ञेय ने इस अन्तर के लिए बहुत सही प्रश्न उठाया है—"वास्तव में अन्तर को ठीक-ठीक समझने के लिए जो प्रश्न होगा, वह यह नहीं कि प्रकृति के उपयोग में क्या अन्तर आ गया? प्रश्न यह पूछना चाहिए कि जिस प्रकृति की ओर कवि आकृष्ट था वह प्रकृति कैसी थी?" कहने की आवश्यकता नहीं कि किसी खास सन्दर्भ में जब आप सही प्रश्न उठायेंगे तभी आपको सही उत्तर भी मिलेगा। स्वभावतः अज्ञेय को भी यहां सही उत्तर मिला है। आगे उन्होंने पिछले दोनों युगों से कालिदास के प्रकृति-चित्रण का अन्तर स्पष्ट

करते हुए उसकी विशेषता के बारे में लिखा है, "कालिदास का प्रकृति-प्रेम बाल्मीकि से कम हार्दिक नहीं है। न उनका काव्य आलम्बन के रूप में प्रकृति को आदिकवि की रचनाओं से कम महत्त्व देता है। फिर भी उसमें बाल्मीकि की-सी सहृदयता नहीं है। न वैदिक कवि का विस्मय भाव ही है। कालिदास की प्रकृति अपेक्षया अलंकृत है।" एक अन्य स्थान पर वात्स्यायन ने अपनी इस बात को और भी स्पष्ट किया है—"काव्य-युग के संस्कृत कवि के लिए प्रकृति शोभन, रम्य और स्फूर्ति-प्रद थी। प्राकृतिक शक्ति के रूप में उसे मानव का प्रतिपक्ष माना जा सकता था, किन्तु अपने इस नये रूप में वह मानव की सहचरी हो गयी थी।" स्पष्ट है कि अज्ञेय ने कालिदास के प्रकृति-चित्रण की विशेषता को बहुत बारीकी से पकड़ा है। बाल्मीकि और कालिदास के प्रकृति-चित्रण की चर्चा तो आचार्य रामचन्द्र शुक्ल ने भी अपने एक लेख 'काव्य में प्राकृतिक-दृश्य' में की है, किन्तु वे इन दोनों के अन्तर और इनकी अलग-अलग विशेषताओं को इतनी सूक्ष्मता से नहीं पकड़ पाये थे। यही नहीं अज्ञेय ने यहां उस बदले हुए सामाजिक-सन्दर्भ की ओर भी संकेत किया है जिसके कारण प्रकृति-चित्रण की प्रवृत्ति में यह अन्तर आया। इस काल में मानव ने अपनी सभ्यता विकसित कर ली थी। उसने सुन्दर नगर बसा लिये थे और सामाजिक जीवन पहले से अधिक व्यवस्थित हो चला था। प्राकृतिक-शक्तियों का अब वैसा खौफ भी नहीं रहा था, जिसके कारण उसे देवता मानकर पूजा की जाय। स्वयं अज्ञेय के शब्दों में, "व्यवस्थित और निरापद जीवन में उसके लिए यह आवश्यक नहीं रहा था कि प्रकृति की शक्तियों को वैसे आत्यन्तिक और मानवीकृत अथवा देवतावत् रूपों में देखे जैसे रूप वैदिक कवि के उद्दिष्ट रहे।"

अज्ञेय की दृष्टि से यह बात भी ओझल नहीं रह पायी है कि लोक-काव्य की परम्परा परिनिष्ठित साहित्य को समय-समय पर प्रेरित, प्रभावित करती हुई चलती है। उन्होंने खुद इसी प्रकार का संबंध संस्कृत और प्राकृत-काव्य में लक्षित किया है—ये दोनों "... बराबर एक दूसरे को प्रभावित करते रहे; और कवि-समयों अथवा अभिप्रायों का आदान-प्रदान उनमें होता रहा।" आगे "... इसी प्रकार का संबंध हम अनन्तर खड़ी बोली हिन्दी की कविता में तथा उसकी पृष्ठभूमि और उसके परिपार्श्व में फैले हुए लोक-काव्य में भी देख सकते हैं।" यह आदान-प्रदान आधुनिक काल में बढ़ा है, अज्ञेय के अनुसार ऐसा आधुनिक संवेदना के रूप-परिवर्तन के कारण संभव हुआ है।

रीतिकाल में जिस तरह से प्रकृति-चित्रण उद्दीपन मात्र तक सीमित कर दिया गया, कवियों का अभिप्राय विभावादि के संदर्भ में महज वस्तु की परिगणना हो गयी—उससे खीझकर अज्ञेय कहते हैं कि प्रकृति-काव्य के विवेचन में तो रीति-युग को निकाल बाहर कर देना चाहिए। रीतिकाल की इस कमजोरी की आचार्य शुक्ल ने भी कटु आलोचना की थी, अपने सौम्य-गंभीर अन्दाज में उस पर चुटकी लेते

हुए लिखा था—"उनके वर्णन में उद्दीपन भर के लिए सुन्दर वस्तुएं आई हैं, सो वे भी उपमा, उत्प्रेक्षा, रूपक आदि की भीड़ में छिपी हुई हैं। वसन्त कहीं राजा होकर आया है, कहीं फौजदार, कहीं फकीर, कहीं कुछ, कहीं कुछ। किसी ने बढ़कर हाथ मारा तो शिशिर और ग्रीष्म ऋतु में जो अपने शरीर की दशा देखी उसका वर्णन कर दिया और उपचार का नुस्खा कह गए···।" ('काव्य में प्राकृतिक-दृश्य', 'चिन्तामणि", द्वितीय भाग, पृ० 24) किन्तु अज्ञेय ने रीति-युग की कमजोरी के सीधे जड़ पर प्रहार किया है, जब वे लिखते हैं—"यदि उसका राग-सम्बन्ध कुछ भी प्राणवान होता, तो वह समझता कि प्रकृति संबंधी शब्दावली का ऐसा कोशवत उपयोग उद्दीपन का भी काम नहीं कर सकता क्योंकि जिस काव्य में राग का अभाव स्पष्ट लक्षित होता है वह दूसरे में राग-भाव नहीं जगा सकता, अपने अभाव को चाहे कितने ही कौशल से छिपाया गया हो।" यह रुग्ण प्रवृत्ति कमोवेश आधुनिक काल में भी छायावाद से पूर्व तक मौजूद रही।

इस रचनात्मक अवरोध को तोड़ा छायावादी कवियों ने। रीतिकाल की रुग्ण परम्परा का विरोध करते हुए उन्होंने पाश्चात्य साहित्य और उससे प्रभावित बंगला साहित्य से प्रभाव ग्रहण करते हुए खड़ी बोली हिन्दी में प्रकृति-चित्रण को नयी दिशा दी। इसका मतलब यह नहीं है कि छायावादी काव्य पाश्चात्य साहित्य का अनुकरण है और स्वयं अपनी परम्परा से कटा हुआ है। वास्तव में छायावाद ने प्रकृति-चित्रण की प्राचीनतर स्वस्थ भारतीय परम्परा को पुनर्जीवित किया। अज्ञेय ने इस संबंध में बहुत ठीक लिखा है, "पश्चिमी काव्य के परिचय से भारतीय कवि एक बार फिर प्रकृति की स्वतंत्र सत्ता की ओर आकृष्ट हुआ। कहा जा सकता है कि इसी परिचय के आधार पर वह स्वयं अपनी परम्परा को नयी दृष्टि से देखने लगा और उसके सार तत्त्वों को नया सम्मान देने लगा।"

इसका अर्थ यह भी नहीं है कि पश्चिमी साहित्य के प्रभाव के बिना इस तरह का प्रकृति-चित्रण हिन्दी काव्य में संभव नहीं हो पाता। संभवतः इसके प्रभाव के बिना भी हिन्दी-साहित्य के विकास की दिशा अधिकांशतः यही होती, क्योंकि आधुनिक भारतीय समाज के विकास की दिशा उसे इसी ओर जाने के लिए प्रेरित-प्रभावित कर रही थी। डॉ० नामवरसिंह ने अपनी पुस्तक 'छायावाद' में इस बात की विस्तार से चर्चा की है कि कैसे आधुनिक विज्ञान के विकास ने प्रकृति के साथ संघर्ष करते हुए, उससे मानव का एक नया संबंध जोड़ा। आधुनिक विज्ञान ने मनुष्य को अपेक्षाकृत अधिक स्वतंत्र बनाया। अपने व्यक्तित्व के विकास की कामना से वह प्रकृति के स्वच्छंद क्षेत्र में गया—जहां सामाजिक रूढ़ियों का दबाव और घुटन नहीं थी। प्रकृति से उसे स्वतंत्रता की नयी प्रेरणा मिली और वह अपने आपको और पूरे समाज को सामाजिक रूढ़ियों और जर्जर परम्पराओं के बंधनों से मुक्त करने के लिए सन्नद्ध हो गया। नामवरसिंह के शब्दों में, "इस प्रकार

आधुनिक व्यक्ति का प्रकृति की ओर दौड़ना व्यक्तिगत स्वच्छन्दता की आकांक्षा के लिए तो था ही, व्यक्तिगत स्वाधीनता का परिणाम भी था।" (पृ० 35) किन्तु स्वयं अज्ञेय ने इस बात पर विचार नहीं किया है, इसलिए इसके विस्तार में जाना यहां उचित नहीं।

अज्ञेय ने छायावादी कवियों के प्रकृति-चित्रण की विशेषताओं को भी बारीकी से पकड़ा है। उनकी यह समझ बहुत ठीक है कि छायावाद की अपनी खास विशेषता प्रकृति के मानवीकरण में नहीं बल्कि इसके वैयक्तिकरण में है। इन कवियों के प्रकृति-चित्रण में उनके अलग-अलग व्यक्तित्व की छाप स्पष्ट देखी जा सकती है। सुमित्रानन्दन पंत ने प्रकृति को अपनी 'कल्पना प्रेयसी' के रूप में देखा तो निराला ने उसे 'संवाहिका-शक्ति' के रूप में। इन दोनों की इस दृष्टि के पीछे इनकी अपनी-अपनी दार्शनिक-पीठिका काम कर रही है। प्रकृति के इस वैयक्तिकरण के कारण प्रकृति-चित्रण पर स्वस्थ और अस्वस्थ दोनों तरह के प्रभाव पड़े। अज्ञेय के अनुसार—"रोमांटिक व्यक्तिवाद का स्वस्थ प्रभाव यह था कि उसने प्रकृति के चित्रों को नयी रागात्मक प्रामाणिकता दी। जो तथ्य था और सबका 'जाना हुआ' था, उसे उसने एक व्यक्ति का 'पहचाना हुआ' बनाकर उसे सत्य में परिणत कर दिया। जहां यह व्यक्तिगत दर्शन केवल असाधारणत्व की खोज हुआ—और यह प्रवृत्ति पश्चिम में भी लक्षित हुई जैसा कि हिन्दी के कुछ नये कवियों में—वहां उत्तम काव्य का निर्माण नहीं हुआ।"

वात्स्यायन ने रीतिकाल के प्रकृति-चित्रण की इस कमजोरी पर उंगली रखी है कि उस काल के कवियों ने प्रकृति का यथातथ्य वर्णन किया है। उसकी समवर्तिनी चित्रकला में भी रीतिसम्मत आधार पर दृश्य का यथातथ्य अंकन है। उसमें व्यक्तिगत की अनुभूति की वह तीव्रता नहीं मिलती, जिससे कोई भी चित्रण नये प्राण से स्पंदित हो उठता है। 'अनुभूति के खरेपन' ने कैसे छायावादी प्रकृति-चित्रण को 'घनीभूत अद्वितीयता' दी है, उसका एक उदाहरण अज्ञेय ने पंत की कविता से दिया है—

"बांसों का झुरमुट
सन्ध्या का झुटपुट
हैं चहक रही चिड़ियां
टी-वी-टी-टुट्-टुट्।"

स्पष्ट है कि पंत की व्यक्तिगत अनुभूति की रागात्मक तीव्रता में रँगकर बांसों का यह झुरमुट पहले के सभी झुरमुटों से विशिष्ट हो गया है। इस तरह अज्ञेय के अनुसार—"जब हम दृश्य-चित्रण की परम्परा का अध्ययन इस दृष्टि से करते हैं तब यह स्पष्ट हो जाता है कि छायावाद ने प्रकृति को एक नया सन्दर्भ और

अर्थ दिया, जो उसे न केवल उससे तत्काल पहले के खड़ी बोली के युग से अलग करता है बल्कि खड़ी बोली के उत्थान से पहले के सभी युगों से भी अलग करता है।"

नयी कविता का प्रकृति-चित्रण छायावादी परम्परा का ही अलग विकास है। किन्तु, परम्परा का यह विकास धन-पक्ष और ऋण-पक्ष दोनों ही ओर हुआ है। अज्ञेय के अनुसार इसका ऋण-पक्ष इस बात में है कि, "असाधारण की खोज के उदाहरण उसमें अधिक मिलेंगे—और तंत्र का कच्चापन अथवा भाषा का अटपटापन भी कहीं अधिक।" लेकिन नयी कविता के प्रकृति-चित्रण की विशेषताओं को स्पष्ट करने के लिए वात्स्यायन ने फिर वही प्रश्न दुहराया है जो उन्होंने कालिदास के संदर्भ में पूछा था कि, "जिस प्रकृति की ओर कवि आकृष्ट है वह प्रकृति कैसी है?"

नयी कविता की विशेषता को अज्ञेय ने 'अनुभूति-सत्यता' और 'व्यापकता' के रूप में लक्षित किया है। आज के बहुत-से कवि कस्बों और शहरों में रहते हैं। यदि वे प्राचीन कवियों की भांति मुख्यतः प्रकृति का चित्रण करें तो यह एक पलायनवादी रुझान माना जायेगा, क्योंकि इस तरह वे अपनी अनुभूति के मुख्यांश की उपेक्षा कर रहे होंगे। भारत अभी भी ग्राम प्रधान देश है, लेकिन नयी कविता के अधिकांश कवियों ने गांव-देहात देखा भर है—और खेत-खलिहान 'देखे हुए होने' और 'देहाती प्रकृति का अनुभव रखने में' बहुत बड़ा फर्क है। अज्ञेय के अनुसार 'अनुभव सत्यता' पर यह जोर भी छायावादी काव्य-परम्परा का ही अगला विकास है, उन्हीं के शब्दों में—"अनुभव सत्यता पर—व्यक्तिगत अनुभूति के खरेपन पर जो आग्रह छायावाद ने आरम्भ किया था—काव्य के परम्परागत अभिप्रायों और ऐतिहासिक-पौराणिक वृत को ही अपना विषय न मानकर, अनुभूति-प्रत्यक्ष और अन्तश्चेतन-संकेतित को सामने लाना छायावादी विद्रोह का एक रूप रहा—वह नयी कविता में भी वर्तमान है।"

नयी कविता के दौर के कवि जहां अपनी 'अनुभूति सत्यता' के आग्रह के कारण जब प्रकृति-चित्रण करते हैं तो पाठक को यह बताना जरूरी समझते हैं कि यह प्रकृति कहां की है, वहीं अनुभूति की 'व्यापकता' के आग्रह के कारण ऐसे दृश्यों का वर्णन करना पसन्द करते हैं, जो 'प्रादेशिकता से परे' हों। इसलिए इनकी कविता में प्रकृति क्षेत्र की आत्यन्तिक घटनाओं का चित्रण अधिक मिलता है, जैसे—सूर्योदय, सूर्यास्त, बरसात की घटा, आंधी, आदि। इसके साथ ही वे दृश्य को मूर्त्त करने के लिए, जो प्रकृति का चित्र सामने लाते हैं उसका आधार 'दृष्टि अथवा घ्राण' न होकर 'स्पर्श' होता है। अपनी बात को स्पष्ट करने के लिए अज्ञेय ने वसन्त का उदाहरण दिया है—"वसन्त के वर्णन में फूलों-कोंपलों का 'स्पष्ट और स्फुट ब्यौरा' देने चलते ही एक प्रदेश अथवा क्षेत्र के साथ बंध

जाना पड़ता और यही बात गंधों की चर्चा से होती, पर वसन्त को यदि केवल धूप की स्निग्ध गरमाई के आधार पर ही अनुभूति प्रत्यक्ष किया जा सके तो प्रादेशिक सीमा-रेखाएं क्यों खींची जावें ?" वैसे, महत्त्वपूर्ण बात यह भी है कि स्वयं अज्ञेय इस द्विपक्षी आग्रह के गम्भीर खतरे के प्रति सावधान भी हैं—"निःसन्देह अति कर जाने पर यही प्रकृति स्वयं अपनी शत्रु हो जा सकती है और अनुभूति-सत्यता तथा व्यापकता का द्विमुख आग्रह फिर ऐसी स्थिति ला सकता है जिसमें कविता यंत्रवत् कुशलता के साथ बने-बनाये अभिप्रायों के निरूपण, रक्त-मांसहीन बिम्बों और प्रतीकों का सृजन हो जावे ।"

नये विज्ञान के विकास से यह दुनिया सिमटकर छोटी हो चली है। विज्ञान के इस विकास से सभी प्रदेश और राष्ट्र एक-दूसरे के समीप आ गये हैं, उनके बीच सम्बन्धों का एक तन्त्र विकसित हो गया है—जो अटूट है—उनके सरोकार भी एक हद तक एक-दूसरे से जुड़ गये हैं, आपसी समझदारी बढ़ी है—रिश्ता गहरा और घना हो चला है। पहले का प्रादेशिक मानव अब राष्ट्रीय से अन्तर्राष्ट्रीय हो चला है। अनुभूति की व्यापकता की मांग इसी सन्दर्भ में सार्थक और आवश्यक भी है। किन्तु, स्वयं अज्ञेय ने इस दिशा में विचार नहीं किया है, इसलिए मैं अपनी बात को यहीं तक सीमित रखूंगा।

बहरहाल, अज्ञेय ने नयी कविता के प्रकृति-चित्रण की अधिक महत्त्वपूर्ण विशेषता को तब पकड़ा है जब वे कहते हैं कि नयी कविता का प्रकृति-चित्रण 'तद्वत-संसार' का चित्रण है। इस परिप्रेक्ष्य में काव्य-युग से नयी-कविता के प्रकृति-चित्रण की परम्परा को संक्षेप में समेटते हुए उन्होंने लिखा है—"शास्त्रीय (क्लासिकल) दृष्टि में प्रकृति की हर क्रिया और गतिविधि एक व्यापक नियम अथवा ऋत की साक्षी है, छायावाद की दृष्टि ऋतु को अमान्य नहीं करती थी, पर उसका आग्रह रूप-सौष्ठव पर था। नयी कविता में रूप का आग्रह कम नहीं है, पर उसने सौष्ठव वाले पक्ष को छोड़ दिया है, तद्वता पर ही बल देती है। 'व्यवस्थित संसार' के स्थान में 'सुन्दर संसार' की प्रतिष्ठा हुई थी, अब उसके स्थान में 'तद्वत संसार' ही सामने रखा जाता है। इतना ही नहीं मानव-निर्मिति को भी उससे अलग नहीं किया जाता—क्योंकि ऐसी असंपृक्त प्रकृति अब दिखती ही कहां है ? ...इस प्रकार प्रकृति-वर्णन का वृत कालिदास के समय से पूरा घूम गया है। कालिदास 'प्रकृति के चौखटे में मानवी भावनाओं का चित्रण' करते थे, आज का कवि 'समकालीन मानवीय संवेदना के चौखटे में प्रकृति' को बैठता है।" किन्तु, नयी कविता में प्रकृति-चित्रण की इस विशिष्टता के साथ-साथ एक नयी और गम्भीर समस्या उठ खड़ी हुई है—"ऋत सनातन और आत्यंतिक था, वैज्ञानिक शोध के दिङमान बदलते हैं... फलतः 'प्रकृति का सान्निध्य' नये कवि को पहले का-सा आश्वस्त भाव नहीं देता, उसकी आस्थाओं को पुष्ट नहीं

करता—इसके लिए वह नये प्रतीकों की खोज करता है।"

इस लेख के लगभग अन्त में वात्स्यायन एक युगांतकारी टिप्पणी करते हैं—"नयी काव्य-प्रवृत्तियों को सामने रखकर एक अर्थ में कहा जा सकता है कि प्रकृति-काव्य अब वास्तव में है ही नहीं। एक विशिष्ट अर्थ में यह भी कहा जा सकता है कि छायावाद का प्रकृति-काव्य अपनी सीमाओं के बावजूद अंतिम प्रकृति-काव्य था, यदि छायावादी काव्य मर गया है तो उसके साथ ही प्रकृति-काव्य की अन्त्येष्टि भी हो चुकी है।" ऐसा एक खास अर्थ में हुआ है। आधुनिक औद्योगिक सभ्यता के विकास के कारण मानव मुख्यतः शहरों और महानगरों में सिमट गया है। प्रकृति के साथ मनुष्य का वह पुराना सहज-स्वाभाविक सम्बन्ध टूट चुका है। प्रकृति के साथ वह जीवन नहीं जीता, उसे देखता भर है—और इस 'जीने' और 'देखने' में बहुत बड़ा फर्क है। छायावादी प्रकृति-काव्य इस सम्बन्ध के टूटने के संक्रमण-बिन्दु पर सम्भव हो पायी थी। अब यह सम्बन्ध टूट चुका है, इसलिए अब उस अर्थ में प्रकृति-काव्य की रचना सम्भव नहीं।

वैसे, अज्ञेय द्वारा 'रूपाम्बरा' के संकलन-संपादन और इस क्रम में लिखी उसकी 'भूमिका' का भी अपना महत्त्व है। हिन्दी में प्रकृति-काव्य पर यह संभवतः आज तक का सबसे अच्छा संकलन है। इसे संपादित भी किया है उस व्यक्ति ने, जो नयी कविता के सभी कवियों में सबसे अधिक अपनी काव्य-संवेदनाओं और चिन्ताओं के धरातल पर प्रकृति से जुड़ा रहा है।

पूर्व-काव्य : प्रकृति के प्रांगण में रंग, रूप और जीवन का महोत्सव

अज्ञेय ने अपने रचनाकाल के आरम्भ (दिसम्बर 1931) में ही 'अपना गान' शीर्षक कविता में अपने 'गान' के बारे में लिखा था कि इसमें है—

कुसुम का रस परिपूरित हृदय मधुप का लोलुपतामय स्पर्श,
इसी में कांटों का काठिन्य, इसी में स्फुट कलियों का हर्ष,
इसी में बिखरा स्वर्ण-पराग, इसी में सुरभित मन्द बतास,
उर्मि-माला का पागल नृत्य, ओस की बूंदों का उल्लास,
विरहणि चकवी की क्रन्दना, परमृता-भाषित कोयल तान,
इसी में अवहेला की टीस इसी में प्रिय का प्रिय आह्वान।

निश्चय ही अज्ञेय यहां प्रेम, मिलन, विरह, जीवन का उल्लास और फिर मानव-जीवन के कठिन पक्षों की बात कह रहे हैं, लेकिन यह बात प्राकृतिक बिम्बों और प्रतीकों के माध्यम से कह रहे हैं। अज्ञेय की यह आरम्भिक कविता उनके उस रचनात्मक भविष्य की ओर भी संकेत करती है, जहां उन्होंने मानव-जीवन के नानाविध अनुभवों और विचारों को मुख्यतः प्रकृति के माध्यम से व्यक्त किया है या प्रकृति के प्रांगण में ही जिसका उन्हें बोध हुआ है।

फूल : बदलते रूप-रंग कवि के संग

अज्ञेय का प्रकृति के साथ गहरा भावनात्मक लगाव है। वह सच्चे अर्थों में प्रकृति से प्रेम करते हैं। स्वभावतः उनका यही प्रेम फूलों के प्रति भी है। फूलों के प्रति भावनात्मक लगाव का एक रूप 'साम्राज्ञी का नैवेद्य दान' में देखा जा सकता है। जापान की साम्राज्ञी कोमियों बुद्ध-मन्दिर में पूजा के लिए खाली हाथ गयीं। उनका मन इस बात के लिए तैयार नहीं हुआ कि जो फूल किसी भोली मुग्धा की तरह डाल से लगा जीवन के सुखी-क्षण का उपभोग कर रहा है उसे उससे विलगाकर बुद्ध की मूर्ति पर चढ़ाया जाय—

जो मुझे सुनाती
जीवन के विह्वल सुख-क्षण का गीत—
खोलती रूप जगत के द्वार जहां
तेरी करुणा
सुनती रहती है
भव के सपनों, क्षण के आनन्दों में
रह सूत्र अविराम—
उस भोली मुग्धा को
कंपती डाल से विलगा न सकी।

कहने की जरूरत नहीं कि फूल न तोड़ पाने का यह प्रेम-भरा असमंजस साम्राज्ञी के ब्याज से अज्ञेय के प्रेम को भी व्यंजित कर जाता है।

अज्ञेय को फूलों का चुपचाप विकसित होनेवाला और इस तरह लगातार सृजनरत रहनेवाला व्यक्तित्व काफी पसन्द है। इसके विपरीत भौंरे और मधुमक्खियां हैं, जो निरन्तर सिर्फ शोर मचाते रहते हैं। अज्ञेय ने इन दोनों में क्रमश: 'दाता और भिखारी' का रूप पाया है—

फूल खिलते रहे चुपचाप,
मंजरी आयी
दबे पांव सकुचाती।

किन्तु मधुमक्खियां, भौंरे
तड़फड़ाते रहे, करते रोर,
मुंह चिढ़ाते रहे वन की शान्ति को
अविराम अनगिन झींकते झींगुर।

भिखारी सब
बजाते गाल, बगलें
फाड़ते आकाश ?
सकुचता, सहमता, चुपचाप
पथ से गुजरता दाता।

स्वयं मितभाषी और अक्सर चुप रहनेवाले अज्ञेय के व्यक्तित्व से भी इस 'दाता' फूल का कोई-न-कोई सम्बन्ध बनता है। इसका सम्बन्ध उस कलाकार से भी है जिसने 'मौन' के महत्त्व पर बार-बार लिखा और अपनी रचना में अपनाया—और कहा कि 'मौन भी अभिव्यंजना है'। क्या इस कविता का सम्बन्ध उस चौथे

दशक के साहित्यिक परिवेश से भी नहीं जुड़ता जब अधिकांश प्रगतिशील कवि अपने आरम्भिक-दौर में गाल-बजाऊ नारे उछाल रहे थे और इसके विरोध में अज्ञेय की सर्जनात्मक प्रतिभा चुपचाप विकसित हो रही थी।

अज्ञेय ने अपनी एक कविता में लाल फूल को बड़ा ही प्यारा सम्बोधन दिया है—'गुल-लाल:'! अब इस गुल-लाल: के मानवीकृत व्यक्तित्व की एक झांकी देखिए—

लाल: के इस
भरे हुए दिल-से पके लाल फूल को देखो
जो भोर के साथ विकसेगा
फिर सांझ के संग सकुचायेगा
और (अगले दिन) फिर एक बार खिलेगा
फिर सांझ को मुंद जायेगा।
और फिर एक बार उमगेगा।
तब कुम्हलाता हुआ काला पड़ जायेगा।

कवि ने इस गुल-लाल: के व्यक्तित्व के साथ अपनी तुलना की है—

पर मैं—वह भरा हुआ दिल—
क्या तुझे फिर कभी खिलना है ?
जिसमें (यदि) हंसना है
वह भोर ही क्या फिर आयेगा ?

अज्ञेय के उत्तरवर्ती काव्य में, मुख्य रूप से 'आंगन के पार द्वार' के बाद—सतह के नीचे एक गहरी उदासी की धारा निरन्तर बहती हुई महसूस होती है, इस उदासी के साथ अक्सर निराशा और कभी-कभी पराजय-बोध का भाव भी जुड़ा हुआ रहता है। यह 'गुल-लाल:' कविता इसी उत्तरवर्ती-दौर की कविता है, जो 29 मार्च, 1964 को लिखी गयी और 'कितनी नावों में कितनी बार' काव्य-संग्रह में प्रकाशित हुई। यहां इस कविता की उद्धृत अन्तिम चार पंक्तियों से कवि की उदासी और निराशा स्पष्ट झलकती है। किन्तु, इस कविता में एक हल्के हास्य और व्यंग्य का भाव है, जो कवि की उदासी पर भी व्यंजित हो जाता है। हास्य और व्यंग्य का यह भाव अज्ञेय के यहां बहुत कम उपलब्ध है। 'गुल-लाल:' उनकी कोई बहुत अच्छी कविताओं में से नहीं है, लेकिन अपनी इस टोन के कारण इसका एक अपना महत्त्व है।

अज्ञेय के उत्तरवर्ती काव्य की एक आम विशेषता है—अपेक्षाकृत अधिक दार्शनिकता। उनके पूर्ववर्ती काव्य में जहां अनुभूति की सघनता मिलती है, वहां

उत्तरवर्ती काव्य में दार्शनिकता और विचारों का फैलाव अधिक मिलता है। ऐसा नहीं है कि पूर्ववर्ती काव्य में विचारों का आग्रह मिलता ही नहीं, दरअसल, अज्ञेय ने कभी भी सिर्फ अनुभूति के सहारे कविता नहीं लिखी। पूर्ववर्ती दौर में उनकी कविता भाव और विचार के तनाव-बिन्दु पर रची गयी है, जबकि उत्तरवर्ती-काल में दार्शनिक वाक्-जाल का मोह बढ़ गया है—जिसका सबसे अच्छा उदाहरण है 'आंगन के पार द्वार' संग्रह की कविताएं। विचारों का आग्रह पहले भी था, लेकिन बाद में विचारों की स्फीति बढ़ गयी है। यहां मैं यह स्पष्ट कर देना आवश्यक समझता हूं कि 'भग्नदूत' से 'हरी घास पर क्षण भर' तक के प्रकाशित काव्य को मैं अज्ञेय का पूर्ववर्ती काव्य और इसके बाद जो संग्रह छपे उन्हें उत्तरवर्ती काव्य मानता हूं। इस संदर्भ में सन् 1949 को हम विभाजक रेखा के रूप में मान सकते हैं, क्योंकि इसी वर्ष 'हरी घास पर क्षण भर' काव्य संग्रह प्रकाशित हुआ।

बहरहाल, अज्ञेय की इस दार्शनिकता का एक उदाहरण 'कुछ फल : कुछ कलियां' शीर्षक कविता में देख सकते हैं। कवि डाल से कुछ फूलों को तोड़कर अपनी प्रेमिका की कबरी में खोंस देता है और कलियों सहित गुच्छे को यों ही उपेक्षा भाव से पानी में रख देता है। शाम तक फूल मुरझा जाते हैं—ठीक कवि के मन की तरह लेकिन कलियां उपेक्षा के पानी में खिल उठती हैं। अब अज्ञेय अपने इस वर्णन (चित्रण नहीं) के बाद इस पर दार्शनिक टिप्पणी करते हैं—

> फूल ! मनः कलियां !
> सब अपने-अपने ढंग से
> उत्तरदायी हैं।
> फूल
> मुरझायेगा ?
> वही तो नियति है।
> होने का फल है।
> पर उसी की अमोघ बाध्यता का तो बल है
> जो कली को खिलायेगा, खिलायेगा।
>
> जो मुझे
> जहां मारेगा वहां मरने से बचायेगा
> जो फिर तुम्हारे निकट लायेगा।
>
> क्यों ? नहीं ?

पहले बातें कविता स्वयं कह जाती थी, अब जैसे कवि को अपनी कविता पर विश्वास नहीं रहा—इसलिए वह खुद बोलता है—और कभी-कभी खूब बोलता है। यह कविता अक्टूबर, 1968 में लिखी गयी थी और 'क्योंकि मैं उसे जानता हूं' संग्रह में संकलित की गयी थी।

अज्ञेय के लिए फूल का खिलना नये जीवन का प्रतीक है। किन्तु, जब वही फूल किसी महानगर में, लोहे और कंकरीट के जालों के बीच बिना किसी मदद के अपने-आप खिल उठता है तो वह विकट जीवन-संघर्ष का प्रतीक बन जाता है—

लोहे और कंकरीट के जाल के बीच
पत्तियां रंग बदल रही हैं।
एक
दुःसाहसी
हेमन्ती
फूल खिला हुआ है।

आगे यह 'दुःसाहसी हेमन्ती-फूल' घोषणा करता है—

मेरा युद्ध
प्रकृति की सृष्टियों से नहीं
मानव की
अपसृष्टियों से है।
शैतान
केवल शैतान से लड़ सकता है।
हम अपने अस्त्र चुन सकते हैं : अपना
शत्रु नहीं। वह हमें
चुना-चुनाया मिलता है।

दुःसाहसी हेमन्ती-फूल के संघर्ष की यह दिशा, इस संघर्ष में स्वयं कवि की अपनी परस्परता को भी स्पष्ट करती है। आज जब आधुनिक औद्योगिक-सभ्यता का विकास अक्सर प्रकृति की कीमत पर हो रहा है और आधुनिक मानव का न सिर्फ प्रकृति के साथ साहचर्य खत्म हो चुका है, बल्कि उसके साथ उसका सामंजस्य भी टूटता जा रहा है—तब इस सन्दर्भ में मानव की अपसृष्टियों के विरुद्ध हेमन्ती फूल के संघर्ष के साथ कवि की यह प्रतिबद्धता कितनी सार्थक और महत्त्वपूर्ण है, यह कहने की जरूरत नहीं है।

इन सबके साथ अज्ञेय ने कभी-कभी अपनी कविता में अत्यन्त ताजगी लिए हुए

फूल संबंधी बिम्बों का प्रयोग किया है, इसका नमूना हम 'हेमकान्त गीत' में देख सकते हैं। कवि की प्रेमिका सुबह-सवेरे झरने पर नहा रही है—उसके सौंदर्य के सादृश्य में उसने ओस से भीगे हुए सवेरे के फूल का बिम्ब खड़ा किया है—

भोर ! चोरी से नहीं, अनजाने, अचानक
मैंने तुम्हें झरने पर देखा।
आह ! ऐसे धुलते हैं तार सोने के,
ऐसे मंजता है कुन्दन ?
ऐसे मानो ओस के प्रभामण्डल से घिरा हुआ
पार की धूप में चमक उठता है
सवेरे का फूल ।

फूल : रंगों की होली

अज्ञेय की कविताओं में अनेक तरह के फूल आये हैं, इन फूलों की सूची काफी लम्बी हो सकती है। किन्तु, उन्हें सबसे प्रिय है—पलाश का फूल, जिसे टेसू भी कहते हैं। यह महज संयोग की बात नहीं है कि अज्ञेय द्वारा रचित और अनन्तर प्रकाशित कविताओं में जो फूल अपनी उपस्थिति का अहसास सबसे पहले कराता है, वह है—पलाश का फूल—

हरित-छटामय-विटप-राजि पर विलुलित थे पलाश के फूल
मादकता-से भरी हुई थी मलयानिल में परिमल धूल।

ये पंक्तियां 'पूर्व स्मृति' शीर्षक कविता से ली गयी हैं और इसका रचनाकाल है नवम्बर, 1931। इसके पहले 'सम्भाव्य' कविता में मालती के 'परिमल' का प्रकारान्तर से जिक्र भर आया है—'संभव था परिमल मालती से लेकर यामिनी मंडित होती।' इस तरह मालती अपनी उपस्थिति का अहसास इस कविता में प्रमुखता से नहीं करा पाती। यहां 'सम्भाव्य' में मालती के परिमल से यामिनी के मंडित होने की संभावना भर है, वहां 'पूर्व-स्मृति' में पलाश के फूल विलुलित थे।

अज्ञेय के यहां जब वसन्त आता है तो वहां आमतौर पर पलाश के फूल अवश्य रहते हैं। और 'वसन्त' का आगमन उसके लिए जीवन के उल्लास का प्रतीक है। 'ऋतुराज' कविता में वसन्त के आगमन पर तिरस्कृत बबूल पीत वसन में दमक उठते हैं, मस्त कोंपलें ऋतुराज के स्नेह-स्पर्श से लजाकर जाग जाती हैं और उधर पलाश उससे भर बांह भेंटने के लिए तिलमिला उठता है—

प्रस्फुटन अभी नहीं लगी हुई है आस—
मुक्त हो चले अशक्त शीत-बद्ध दास।
मुक्त-त्राण, सर्वप्राण चैत्र आ रहा—

अंक भेंटने को तिलमिला उठे पलास ।
क्योंकि ऋतुराज आ गया ।

'वसन्त-गीत' कविता में ऋतुराज के स्वागत के लिए जैसे पूरी वनस्थली टेसुओं की आरती सजाकर प्रतीक्षा में खड़ी है । तो 'आशी' (वसन्त का एक दिन) कविता में पलाश का फूल कवि की आशा-ज्योति के समान है । लाल रंग को प्रेम का प्रतीक माना जाता है । यहां पलाश के फूल का लाल रंग जैसे कवि के प्रणय के मार्ग को प्रशस्त कर रहा है—

कली री पलास की !
टिमटिमाती ज्योति मेरी आस की
या कि शिखा ऊर्ध्वमुखी मेरी दीप्त प्यास की ।
वासना-सी मुखरा, वेदना-सी प्रखरा
दिगन्त में, प्रान्तर में, प्रान्त में
खिल उठ, भूल जा, मस्त हो,
फैल जा वसन्त में—
मार्ग मेरे प्रणय का प्रशस्त हो !

अज्ञेय ने 'टेसू' पर अलग से एक पूरी कविता भी लिखी है । इस कविता में उसने टेसू को ग्रीष्म ऋतु के आस्थावान अग्रदूत के रूप में चित्रित किया है । जो अपनी क्रान्ति की मशाल से पूरी वन-स्थली में आग लगा देता है । कविता इतनी कसी हुई और ठोस है कि इसे पूरा-का-पूरा उद्धरित करना ही उचित होगा—

ग्रीष्म तो न जाने कब आयेगा ?
लू के दुर्दम दुर्मद घोड़े पर वह अनलोद्भव अवतार पुरुष
कब आकर धरती को तपायेगा
उस ताप से जिससे वह तपः पूत, तपः कृशा
फिर मांग सके, सह सके वह पावस की मिलन-निशा
जिसमें नव मेघदूत शावक-सा
आकर अदम्य जीवन के द्रावक संदेसे से उसे झुलसायेगा—
ग्रीष्म तो न जाने कब आयेगा ?

तब तक मैं उसका एक अकिंचन अग्रदूत
अपनी अखंड आस्था के साक्ष्य-रूप
मशाल जला दूं—
न सही क्षयग्रस्त नगर में
इस वनखंडी में आग लगा दूं ।

यहां टेसू का लाल रंग आग के सदृश है, आग की गर्मी जहां एक ओर टेसू को ग्रीष्म-ऋतु से जोड़कर उसको अग्रधावक ज्ञापित करती है, वहीं पूरी वन-खंडी में आग लगाने की बात उसे क्रान्तिकारी बनाती है। इस तरह पूरी कविता की संरचना कई स्तरों पर जटिल ढंग से बुनी गयी है।

अज्ञेय के यहां जब वसन्त आता है तो अक्सर वहां बबूल के फूल भी रहते हैं—

एक-एक कर झरते हैं फूल रूइले, बबूल के
अपनी गन्ध-नदी से नाव-से तिरते, गिरते हैं।

('वेला वसन्त की')

'आशी' (वसन्त के एक दिन) में बबूल के सुमन-वृन्द कुछ इस तरह से बाबले हो रहे हैं, जैसे वे ऋतुराज के वसन्ती-दुकूल के झोंके हों। कवि उससे आग्रह करता है कि वह इसी तरह अपना पराग—अंगराज बिखेरता चले और सभी प्राणियों को ममता की सिहरती गर्मी का स्पर्श दे जाये।

अज्ञेय के वसन्त का सौन्दर्य अक्सर शिरीष के फूलों और कचनार की कलियों से निखर उठता है। उसमें भी शिरीष की रेशम से वेणी बांधकर निकलने की अदा तो अद्‌भुत है—

पीपल को सूखी डाल स्निग्ध हो चली,
सिरिस ने रेशम से वेणी बांध ली
नीम के बौर में मिठास देख हंस उठी कचनार की कली!
टेसुओं की आरती सजा के बन गयी वधू बनस्थली!
स्नेह भरे बादलों से व्योम छा गया—
जागो, जागो, जागो सखि वसन्त आ गया! जागो!!

('बसन्त गीत')

अज्ञेय को शेफाली का लजीला रूप बहुत पसन्द है। वह उनकी कविता में जहां कहीं भी आयी है, अपने शर्मीले और नाजुक रूप में आयी है। 'शरद' में बादलों के चुम्बन से हरियाली खिल उठती है और नहा-निखरकर मतवाली हो जाती है, जबकि उधर झुक रही प्रान्तर में चुपचाप लजीली शेफाली। 'ये मेघ साहसिक सैलानी' में सैलानी मेघ की अदृश बूंदों के स्पर्श से आलोकित होकर 'स्मृति शेफाली के फूल' झरते हैं। 'सो रहा है झोंप' में नदी की जांघ पर अंधियाला सो रहा है और उनके इस मिलन के सुख का मूल्य शेफाली चुपचाप धूल पर गिरकर अंकित कर जाती है—

प्रस्फुटन के दो क्षणों का मोल शेफाली
विजन के धूल पर चुपचाप
अपने मुग्ध प्राणों से अजाने आंक जाती है।

अज्ञेय का रचनात्मक मन पुराने प्रतीकों और उपमानों के प्रयोग में संतुष्ट नहीं हो पाता, वे सच्चे अर्थों में कलाकार हैं—इसलिए, हमेशा नये उपमानों और प्रतीकों के अन्वेषण में लगे रहते हैं। इस अन्वेषण का सर्वोत्तम उदाहरण है—'कलगी बाजरे की'। अपनी प्रेमिका के सौन्दर्य-वर्णन के लिए उन्हें 'नीहार न्हाई हुई, टटकी कली चम्पे की वगैरह' पुराने उपमान संतुष्ट नहीं कर पाते, क्योंकि 'कभी बासन अधिक घिसने से मुलम्मा छूट जाता है' इसलिए वे एक नया उपमान खोजकर लाते हैं—'कलगी बाजरे की'। वह अपनी प्रेमिका से प्रश्न पूछते हुए कहते हैं—

मगर क्या तुम नहीं पहचान पाओगी ?
तुम्हारे रूप के—तुम हो, निकट हो, इसी जादू के—
निज किस सहस, गहरे बोध से, किस प्यार से मैं कह रहा हूं।
अगर मैं यह कहूं—
बिछली घास हो तुम
लहलहाती हवा में कलगी छरहरी बाजरे की ?
आज हम शहरातियों को
पालतू मालंच पर संवरी जूही के फूल से
सृष्टि के विस्तार का—ऐश्वर्य का—औदार्य का—
कहीं सच्चा, कहीं प्यारा एक प्रतीक
बिछली घास है,
या शरद की सांझ के सूने गगन की पीठिका पर दोलती कलगी अकेली
बाजरे की।

अज्ञेय ने न सिर्फ नये उपमानों और प्रतीकों की खोज की, बल्कि अपने नये भाव और विचारों को व्यक्त करने के लिए पुराने उपमानों को नया रूप भी दिया—जिसके कारण पुराने-घिसे हुए प्रतीक फिर से प्राणवान् हो उठे। वही पुरानी-मैली 'नीहार-न्हाई हुई, टटकी कली चम्पे की' 'नख-शिख' कविता में कैसे सौन्दर्य और गंध से भर उठती है—

तुम्हारी देह
मुझको कनक-चम्पे की कली है
दूर से ही स्मरण में भी गंध देती है।

(रूप स्पर्शातीत वह जिसकी लुनाई
कुहासे-सी चेतना को मोह ले ?)

कहने की जरूरत नहीं है कि इस नये रूप में चम्पे की कली अपने रूप की ताजगी में किसी भी नये उपमान से कुछ कम नहीं है।

इन सबके अलावा अज्ञेय की कविताओं में जिन फूलों का उपयोग हुआ है, वे हैं—रजनीगन्धा, गुलाब, सरसों का फूल, सेमर का फूल, अनार का फूल; मालती, अमलतास, जूही, गुड़हल, राई का फूल, पोस्ते का फूल, तीसी का फूल, शंखपुष्पी, कमल, अलूचा का फूल, हरसिंगार, और हिना आदि।

पेड़ और पौधे : प्रतीकों की एक उत्तर--काव्ययात्रा

फूल की तरह ही पौधे और पेड़ भी अज्ञेय की कविताओं में महत्त्वपूर्ण स्थान रखते हैं। उनके काव्य में वे विविध अर्थ-सन्दर्भों से जुड़कर आते हैं। 'बेल-सी वह मेरे भीतर' में बेल प्रेमिका की प्रतीक बनकर आयी है, जो कवि के व्यक्तित्व के साथ एकमेक हो गयी है—उसी में समा गयी है—

बेल-सी वह मेरे भीतर उगी है, बढ़ती है।
उसकी कलियां हैं मेरी आंखें,
कोंपलें मेरी अंगुलियों में अंकुराती हैं,
फूल—अरे, यह दिल में क्या खिलता है ?
सांस उसकी पंखुड़ियां सहलाती हैं।
बांहें उसी के वलय में बंधी कसमसाती हैं ?
बेल-सी वह मेरे भीतर उगी है, बढ़ती है,
जितना मैं चुकता जाता हूं
वह मुझे ऐश्वर्य से मढ़ती है।

लगता है जैसे दोनों का अलग-अलग अस्तित्व है ही नहीं, दो अलग-अलग व्यक्तियों के अहम् का इस तरह से घुलकर मिल जाना ही तो प्रेम की पराकाष्ठा है।

'हमने पौधे से कहा' कविता में पौधा सृजनशील कवि का प्रतीक है। कवि पौधे से फूल मांगता है और पौधा उसे एक खूबसूरत फूलों का गुच्छा भेंट करता है। कवि उस पर मुग्ध हो जाता है, लेकिन साथ ही वह प्रश्न उठाता है कि फूलों के इस सृजन के लिए पौधे किस पीड़ादायी प्रक्रिया से गुजरते हैं, क्या हम इस बात को समझते हैं ? पौधा जब सृजन-रत था तभी उधर—

मिट्टी के नीचे बुदबुदाते अन्धकार में
पौधे की जड़ क्रियामाण थी,
पौधे का हाथ ? आंख ? जीभ ? त्वचा ?
पौधे का बोध ? प्राण ? चेतना ?
मिट्टी के नीचे क्रियामाण थी
पौधे की जड़ : सृष्टि-शक्ति : आद्य मातृका ।

इसी बात को अज्ञेय सामाजिक परिवेश और लोगों की इस मानसिकता से जोड़ते हैं, जो कवि से सृजन-फूल की तो अपेक्षा करता है, लेकिन उसे यह सलाह भी देता है—कि 'कभी अंधकार को मत टोहना', 'कभी कर्दम से नाता मत जोड़ना', 'कभी पुष्टि की अपेक्षा मत रखना' आदि। इस प्रसंग से जुड़कर पूरी कविता व्यंग्य से ध्वनित हो उठती है। वह हरा-ही-हरा देखने और चाहनेवाले कुछ लोगों की मनोवृत्ति पर चोट करती है। कहां एक कलाकार की आत्महन्ता आस्था और कहां इस तरह के लोगों के संकीर्ण और सरलीकृत नैतिक-मूल्य।

'मैंने कहा पेड़ ···' में पेड़ और उसके ब्याज रूप से कवि, दोनों कुछ उपदेश मुद्रा में दिखलायी पड़ते हैं। कवि पेड़ से कहता है कि तुम कितने बड़े हो—बरसों से आंधी-पानी के थपेड़े सहने के बावजूद शान्त, धीर और विनम्र भाव से खड़े हो—और कुछ इस तरह से कितने महान हो तुम। पेड़ उत्तर में कहता है कि नहीं इसका झूठा श्रेय मुझे मत दो, यदि इस सबका श्रेय किसी को है तो इस मिट्टी को है 'जिसमें न जाने कहां मेरी जड़ें खोयी हैं'। इस कविता की लय बहुत शिथिल है और कहीं-कहीं लड़खड़ा जाती है। मुश्किल यह है कि इस पेड़ के नीचे की मिट्टी भी यदि परंपरा की होती तो कुछ बात बनती, लेकिन यह तो 'नामहीन मिट्टी' है, जिसमें पेड़ की जड़ें दृढ़ता से जमी नहीं हैं बल्कि 'न जाने कहां ···· खोयी हैं'। इस कविता से यह भी लगता है कि जैसे पेड़ स्वयं कवि के व्यक्तित्व का प्रतिरूप बनकर आया है, लेकिन यह बिल्कुल स्पष्ट है कि 'मैंने कहा पेड़ ··' अज्ञेय की अपेक्षाकृत एक कमजोर कविता है।

इसी तरह 'खुले में खड़ा पेड़' कविता में कवि देहात की सैर के लिए निकलता है, वहां खुले में खड़ा एक पेड़ देखता है। संभवतः उसे देखकर कवि को अपने बंधनयुक्त जीवन का अहसास होता है, इसीलिए लौटकर घरवाली को डांटता है, अपनी बच्ची को पीटता है, और मन-ही-मन सोचता है कि दफ्तर पहुंचकर वह बॉस पर कुढ़ेगा और बड़े बॉस को 'भिंचे दांत के बीच से सिसकारती गाली देगा'। यह ध्यान देने की बात है कवि कविता में अपने बॉस पर कुढ़ता नहीं, बड़े बॉस को गाली भी नहीं देता, बल्कि ऐसा करने का प्लान बनाता है। प्रश्न यह उठता है कि अपने बंधे हुए जीवन के बोध के बाद क्या कोई व्यक्ति सचेत और योजनाबद्ध तरीके से ऐसा करने के लिए सोचता है या अनजाने ऐसा

कुछ कर गुजरता है? क्या यह सोच-समझकर प्लान बनानेवाली स्थिति अस्वाभाविक नहीं जान पड़ती ? वास्तव में यह पूरी कविता ही अज्ञेय की जबरन गढ़ी हुई कविता है—प्लान बनाकर की गयी है—किसी गहरी अनुभूति से उपजी नहीं है। कवि को कुछ कहना है, इसलिए देहात की सैर और वहां खुले में खड़ा पेड़ तो बहाना-मात्र है। इसी कारण से कविता की संरचना भी बिल्कुल इकहरी, सीधी और सपाट है। अज्ञेय की यह कविता 'मैंने कहा पेड़…' से भी अधिक कमजोर है।

'असाध्य-वीणा' में अज्ञेय ने एक अति प्राचीन, विशाल वृक्ष की विराट् कल्पना की है, जिसके कन्धों पर बादल सोते थे और जिसके कानों में पर्वत के उत्तुंग शिखर रहस्य कहा करते थे—'असाध्य वीणा' इसी किरीटी-तरु से गढ़ी गयी थी—

वज्रकीर्ति ने मंत्रपूत जिस
अति प्राचीन किरीट-तरु से इसे गढ़ा था—
उसके कानों में हिम-शिखर रहस्य कहा करते थे अपने
कन्धों पर बादल सोते थे,
उसकी कटि शुण्डों-सी डालें
हिम-वर्षा से पूरे वन-यूपों का कर लेती थी परित्राण
कोटर में भालू बसते थे,
केहरि उसके बल्कल से कन्धे खुजलाने आते थे।
और—सुना है—जड़ उसकी जा पहुंची थी पाताल-लोक,
उसकी ग्रन्थ-प्रवण शीतलता से फण टिका नाग वासुकि सोता था।
उसी किरीट-तरु से वज्रकीर्ति ने
सारा जीवन इसे गढ़ा ?
हठ-साधना यही थी उस साधक की—
वीणा पूरी हुई, साथ साधना, साथ ही जीवन-लीला।

किन्तु 'असाध्य-वीणा' के इस किरीट-तरु पर कुछ हद तक रहस्य के बादल भी छाये हुए हैं, क्योंकि 'उसके कानों में हिम-शिखर रहस्य कहा करते थे अपने'।

'असाध्य-वीणा' की यह रहस्यात्मकता 'महावृक्ष के नीचे' में जाकर अपना पूरा आकार ग्रहण करती है, जिसके सम्बन्ध-सूत्र बौद्ध-धर्म से जुड़े हुए हैं। कवि यहां कविता नहीं रहस्यवाद की अबूझ पहेली रच रहा है—

जंगल में चले हो ?
चलो चलते रहो।

महारूख के साथ अपना नाता बदलते रहो।
उसका आयाम
उसका है, बहुत बड़ा है।
पर वह वहां खड़ा है।
और तुम चलते हो चलते हुए ही भले हो।

इस तरह स्वतंत्र रूप से पेड़ों को आधार बनाकर लिखी गयी कविताओं की स्थिति अज्ञेय के काव्य में कुछ अच्छी नहीं है। यहां यह उल्लेखनीय है कि पेड़ों पर लिखी ये सारी कविताएं उन्होंने उत्तरवर्ती काव्य में लिखी हैं। और इससे साफ स्पष्ट है कि कैसे अनुभूति की सघनता के स्थान पर दार्शनिकता हावी होती चली गयी है। कहीं-कहीं तो कविता निरा रहस्यात्मक वाक्-विलास मात्र होकर रह गयी है। इस प्रवृत्ति का एक दूसरा रूप हम 'पत्ता एक झरा' में देख सकते हैं—

सारे इस सुनहले चंदोवे से
पत्ता कुल एक झरा
पर उसी की अकिंचन
झरने के
हर कंपने में
मैं कितनी बार मरा?

पेड़ के चंदोवे से पत्ता सिर्फ एक झरता है और जमीन पर गिरने से पहले वह कई बार कांपता है, उसके प्रत्येक कंपन के साथ कवि को लगता है कि वह स्वयं बार-बार मर रहा है। यहां यह स्पष्ट है कि कवि की दृष्टि पूरी तरह अपने अंदर डूबी हुई है—बाहर के दृश्य पर कम है। वरना, पत्ते के कंपने का सम्बन्ध उसके बार-बार मरने से कोई खास बनता नहीं है। यह आत्मग्रस्त-स्थिति की हद है। कहने की जरूरत नहीं कि यह आत्मग्रस्त-स्थिति रहस्यवादी दार्शनिकता का ही दूसरा छोर है।

पौधे और पेड़ : कितने रूप—कितने नाम

अज्ञेय को घास बहुत प्रिय है और उनके पूर्ववर्ती काव्य में यह बार-बार आयी है। इसका प्रतीकवत् प्रयोग उनके आधुनिक जीवन-दर्शन के कुछ खास पहलुओं को उजागर करता है। यह घास उन्हें इतनी प्रिय है कि 'छन्द है यह फूल' कविता में वे ओजपूर्ण स्वर में पूछते हैं—"कौन-सा वह अर्थ जिसकी अलंकृति कर नहीं सकती यही पैरों तले की घास?' यहां मैं यह पूरी कविता उद्धृत कर रहा हूं—

छन्द है यह फूल, पत्ती प्रास।
सभी कुछ में है नियम की सांस।
कौन-सा वह अर्थ जिसकी अलंकृति कर नहीं सकती
यही पैरों तले की धास ?

समर्पण लय : कर्म है संगीत,
टेक करुणा-सजग मानव प्रीति
यति न खोजो—अहं ही यति है ?—स्वयं रणरणित होते
रही, मेरे मीत ?

इस तरह घास में लय है—संगीत है। कहने की जरूरत नहीं कि यह लय और संगीत प्रकृति से जुड़ा है—मानव की अपसृटिष्यों से नहीं।

'कलगी बाजरे की' कविता में अज्ञेय ने स्पष्ट रूप से घास को अपना प्यारा प्रतीक घोषित किया है—

आज हम शहरातियों को
पालतू मालंच पर संवरी जूही के फूल से
सृष्टि के विस्तार का—ऐश्वर्य का—औदार्य का
कहीं सच्चा, कहीं प्यारा एक प्रतीक
बिछली घास है।

अज्ञेय की सर्वोत्तम कविताओं में से एक का शीर्षक 'हरी घास पर क्षण भर' ही है जिससे कवि का घास के प्रति गहरा लगाव स्पष्ट झलकता है। इसमें कहीं घास '···अधुनातन मानव मन की भावना की तरह सदा बिछी है—हरी न्योतती, कोई आकर रौंदे' तो, कहीं कवि कहता है—

नमो, खुल खिलो, सहज मिलो
अन्तः स्मित, अन्तः संयत हरी घास-सी।

'घास-फूल धैर्य का' कविता में घास धैर्य का प्रतीक बनकर आयी है। जब दृश्यों के चकाचौंध में जैसे जीवन खो जाता है, समय के दंश से जब साहस भी तिलमिला उठता है—तब यह धैर्य का घास-फूस चुपके से खिल जाता है—

दृश्यों के अन्तराल में जीवन बिला गया
संशय के दंश से साहस तिलमिला गया
प्यार पर हारा नहीं अमल विनय से
घास-फूल धैर्य का चुपके खिला गया।

यह कविता 'बावरा अहेरी' में संकलित की गयी है, जिसे अज्ञेय ने 23 फरवरी 1950 को लिखा था।

यहां यह उल्लेखनीय है कि सामान्य रूप से अज्ञेय के उत्तरवर्ती-काव्य में घास का प्रतीक बहुत कम आया है, अगर वह कुछेक जगह आया भी है। (जैसे 'असाध्य-वीणा' में) तो वह इन्हीं अर्थों में प्रयुक्त नहीं हुआ है। क्या अज्ञेय के काव्य में घास की स्थिति में यह परिवर्तन स्वयं उनके संवेदना के स्वरूप में बदलाव की ओर संकेत नहीं करती? क्या यह उनकी संवेदना के 'विस्तार', 'ऐश्वर्य', 'औदार्य' और उसमें 'अन्तः स्मित' के ही छीज जाने का प्रमाण नहीं है?

'अंगूर-बेल' कविता में अंगूर की दुबलीलता कवि को अपनी प्रेमिका की बांह की याद दिलाती है—

उलझती बांह-सी।
दुबली लता अंगूर की।
क्षितिज धुंधला।
तीर-सी यह याद।
कितनी दूर की।

कवि को अपनी प्रेमिका का स्मरण होते ही जैसे सामने का क्षितिज धुंधला पड़ जाता है, दृष्टि की सीमा सिमट जाती है और सारा वातावरण धुंधला जाता है—सिर्फ किसी की याद मानस में कौंध उठती है। जापान की लोकप्रिय हाइकू-शैली में लिखी यह कविता इस बात का प्रमाण है कि अज्ञेय ने इस विदेशी-शैली पर भी अभ्यास से अपना पूरा अधिकार जमा लिया और इसमें कुछेक श्रेष्ठ कविताओं की रचना की।

'हेमन्त का गीत' में कवि ने अंगूर की लताओं का लाल होकर काली पड़ने और फिर सूखने की गतिशील बिम्ब की रचना की है, जो अपने प्रतीकात्मक अर्थ में बड़ा ही अभिव्यक्तिपूर्ण बन पड़ा है।

अज्ञेय को पर्वतीय-प्रदेश के पेड़ विशेष प्रिय हैं, जैसे चीड़, बांस, भोजवृक्ष आदि। किन्तु, इनमें भी चीड़ उन्हें संभवतः सबसे अधिक प्रिय है। 'अरे यायावर रहेगा याद' में उन्होंने एक स्थान पर लिखा है, "... जोगेन्द्र नगर से कुछ पहले चीड़ के वृक्ष देखकर तबीयत फड़क उठी थी...पृथ्वी माता के आकाश की ओर उठे हुए इन अभयप्रद हाथों के तले रहने का सौभाग्य जिसने पाया है, वही जानता है कि चीड़ वृक्षों को देखकर हृदय में कैसे अनिवर्चनीय रस का संचार हो आता है...।" (पृ० 113) चीड़ के साथ अज्ञेय का यह भावनात्मक जुड़ाव उनकी कविताओं में भी बार-बार उभरकर सामने आया है। 'गोप-गीत' में चीड़ों की उर्ध्वग भुजाएं जैसे उसे लगातार बस ऊपर ही चढ़ते जाने की प्रेरणा देती हैं।

'चक्रान्त-शिला-9' में चीड़ के पेड़ जैसे किसी योगी की ध्यान-मुद्रा में खड़े हैं—

वन-खण्डी में सधे खड़े पर
अपनी ऊंचाई में खोये-से
चीड़।

'नन्दा' में यही चीड़ के पेड़ एक पर्वत नन्दा-देवी की आरती उतारते-से प्रतीत होते हैं—

शरद की धुन्ध बढ़ आयी है
गलियारों में
उजले पांवड़े पसारती।

चीड़ की पत्तियां
तमिया गयी हैं
छोरों पर
(बस, आग की फुनगी-सी
पीतिमा कोरों पर)—
डालें मुड़-मुड़ कर
ऊपर को जाती-सी
हवा के झोंके साथ
मंडप बनाती-सी

चीड़? दीप-लक्ष्मी
निर्जन में
नन्दा की
आरती उतारती?

चीड़ की डालें संख्या में अधिक होती हैं, जो मुड़कर ऊपर की ओर उठी हुई होती हैं—हवा के झोंके से वे और भी ऊपर उठती हुई आपस में सिमटती हैं, जिससे लगता है कि दीपक बन गया है, जबकि छोरों पर तमियाई हुई पत्तियां दीपक की लौ का आभास देती हैं। चीड़ों के सामने नन्दा देवी दिखाई पड़ती है, जिसके कारण ऐसा लगता है, जैसे वे नन्दा देवी की आरती उतार रही हों।

'साल-दर-साल' में अज्ञेय ने एक ऐसे पेड़ का वर्णन किया है, जिस पर पिछले वर्ष बिजली गिरी थी। यह पेड़ संभवतः बांज का है क्योंकि बांजों से फांदकर वनाग्नि दूसरे साल उसकी डालें झुलसा गयी थी। इस कविता में कवि ने दिखाया

है कि कैसे एक पेड़ के काल-कवलित हो जाने से प्रकृति के विकास का नियम टूट नहीं जाता, बल्कि यह कुछेक का मरते जाना तो इस नियम का ही एक अंग है—जीवन इन सबके बावजूद भी हंसते-खेलते आगे बढ़ता है। शायद इस जले हुए पेड़ को लकड़हारे काट ले जाएंगे, लेकिन फिर अगले बरस—

एक नयी कोंपल
फूट आयेगी
जिस पर मंडरायेगी
उतरेगी
पिद्दी-सी फूल चुही ?
प्यार से
जिद्‌द करती गायेगी ?

यहां जिद करके गाती हुई फूल चुही जीवन की आशा और जिजीविषा दोनों की प्रतीक बन गयी है। महत्त्वपूर्ण बात यह है कि इन सबके साथ पूरी कविता की संरचना से मरे हुए पेड़ की ट्रेजेडी मन्द स्वर में गूंजती रहती है। यह अज्ञेय के काव्य-कौशल का एक बड़ा प्रमाण है।

'कोहरे में भूज' कविता में भोजवृक्ष के इकहरे उजले (गोरे) तन को देखकर विरहणी को अचानक अपने प्रेमी की याद हो आती है—

कोहरे में नम, सिहरा
खड़ा इकहरा
उजला तन
भूज का।

बहुत सालती रहती क्या
परदेशी की
याद, यक्षिणी ?

ध्यान देने की बात है कि भूज कोहरे से घिरा है, जिससे उसकी आकृति और रंग पूरी तरह स्पष्ट नहीं है—इससे उसके उजले-इकहरे तन में किसी व्यक्ति के खड़े होने के आभास मिलने की संभावना बढ़ जाती है। यह कवि की कल्पना को अधिक वास्तविक आधार प्रदान करती है। विरहणी के लिए 'यक्षिणी' शब्द के प्रयोग के कारण कालिदास के 'मेघदूत' के यक्ष की याद ताजी हो उठती है, जिसके कारण पूरी कविता को नया अर्थ-गौरव मिलता है। इस कविता की रचना भी हाईकू शैली में हुई है।

'माघ-फागुन-चैत' कविता में अज्ञेय ने इन महीनों में क्रमशः प्रकृति के बदलते कुछ रूप को पकड़ा है। फागुन से चैत आने तक की प्रक्रिया को उसने सेमर के वृक्ष के परिवर्तित होते रंग-रूप के द्वारा चित्रित किया है—

सहसा झरा फूल सेमर का गरिमा-गरिम अकेला, पहला
क्या टूट चला सपना वसन्त का चौबारा, चौमहला, लाल रुपहला ?
झर-झर-झर लग गयी झड़ी-सी
टहनी पर बस टंगी रह गयी अर्थहीन उखड़ी-सी
टुच्ची-बुच्ची दाढ़ियां लंठूरी पर-खोंसे झुलसे पाखी-सी
खिसियाये मुंह बाये ?
पहले ही सकुची-सिमटी
दब गयी पराजय के बोझे से लद किसान की झुकी मड़ैया ?

क्रमशः आये
दिन चैती : सौगात नयी क्या लाये ?
—बाल बिखेरे, अपना रूखा सिर धुनती (नाचे ता थैया ?)
बेचारी हर-झोंके-मारी, विरस अकिंचन सेमर की बुढ़िया मैया ?

सेमर का वृक्ष जो काफी बड़ा, ऊंचा ही नहीं चौड़ा भी होता है जब फागुन में बड़े-बड़े लाल-लाल फूलों से खिल उठता है, तब उसकी कवि ने लाल-रुपहला चौमहला भवन के रूप में कल्पना की है—और उसके फूल जब पूरी तरह झर जाते हैं तब वह किसान की झुकी मड़ैया-सा प्रतीत होता है। अन्त में, चैत के समय तो सिर धुनती बुढ़िया मैया हो जाती है। महल से मड़ैया और फिर बुढ़िया मैया तक के बिम्ब-विधान में सेमर के वृक्ष का चित्रण जीवन्त हो उठता है। यह कविता अज्ञेय की कल्पनाशील बिम्ब-निर्माण क्षमता का श्रेष्ठ उदाहरण है।

अज्ञेय ने एक कविता 'केले का पेड़' भी लिखी है, जिसमें उन्होंने अपनी मान्यतानुसार रीढ़हीन भारतीय जनता पर व्यंग्य किया है। कविता में हल्के-फुल्के ढंग से कुछ अधिक ही हल्के विचारों का विस्तार मात्र है, केले का पेड़ तो सिर्फ बहाना है। अज्ञेय के काव्य में कदम्ब का पेड़ भी आया है—'कदम्ब कालिन्दी' (पहला वाचन, दूसरा वाचन) में। यह वही कदम्ब का पेड़ है, जिसका राधा-कृष्ण के प्रेम-प्रसंग के साथ अटूट जुड़ाव है। यहां भी वह उसी भूमिका में है, जिसके साये तले अंधेरी रात में राधिका का कन्हैया से मिलने जाने और फिर उसके वियोग में उसकी गहरी उदासी के संवेदक्षम दृश्य उकेरे गये हैं।

इन सबके अलावा अज्ञेय के काव्य में जिन पेड़-पौधों का सामान्यतः उल्लेख हुआ है, वे हैं—देवदारू, कांकड़, पाकड़, सीसम, नीम, बबूल, शिरीष, मेंहदं और कुकुरमुत्ते आदि।

पक्षी : स्वतंत्रता और सर्जनात्मकता की दुर्निवार इच्छा

अज्ञेय के काव्य में पक्षी भी खूब आये हैं। उनके कलाकार मन का पक्षियों के साथ भी गहरा लगाव रहा है। अपने यात्रा-वृतान्त 'अरे यायावर रहेगा याद' में उन्होंने एक स्थान पर लिखा है, "मुझे मानवेतर प्राणियों में ठीक वैसी ही दिलचस्पी है जैसा मानव शिशुओं में ··· । कभी-कभी बहुत समय तक निश्चल बैठकर मैं एक-आध ढीठ गौरैया को इतना आश्वस्त कर सका हूं कि वह क्षण-भर मेरे कन्धे पर बैठकर फुर्र उड़ जाय, ··· तोते, मोर, चकोर, कबूतर, तीतर आदि के अलावा लंगड़े कौए और चील के बच्चे तक मैंने पाले हैं···।" स्पष्ट ही इससे पक्षियों के साथ उनके आत्मिक लगाव की गहराई का पता चलता है। अज्ञेय के लिए दिन की 'प्रथम-किरण' जैसे किसी चिड़िया के आवाज के साथ ही आती है—

धीरे-धीरे उदित
रवि का लाल-लाल गोला
चौंक कहीं पर
छिपा मुदित वनपाखी बोला
दिन है जय है यह बहुजन की।

अज्ञेय को निःसीम आकाश में बंधन मुक्त उड़ते हुए पंछी को देखकर स्वतंत्रता की उद्दाम लालसा जगती है। उनका मन सामाजिक-नैतिक वर्जनाओं को तोड़कर उन्मुक्त स्वर में गा उठना चाहता है—वैसा गीत जो स्वयं उन्होंने या औरों ने कभी कहीं नहीं गाया।

ऊपर फैला है आकाश, भरा तारों से—
भार-मुक्त से तिर जाते हैं पंछी डैने बिना हिलाये।
जी होता है मैं सहसा गा उठूं
उमंगते स्वर जो कभी नहीं भीतर से फूटे
कभी नहीं जो मैंने—कहीं किसी ने—गाये।

('शरद की सांझ के पंछी से')

एक दिन कवि 'अचरज' से देखता है कि एक पेड़ के नीचे बिजली के तार पर दो छोटे-छोटे पक्षियों का जोड़ा दुनिया से बेखबर आपस में प्रेम में लीन बैठा है—

आज सवेरे
अचरज एक देख मैं आया

एक घने, पर धूल भरे-से अर्जुन तरु के नीचे

एक तार पर बिजली के वे सटे हुए बैठे थे—
दो पक्षी छोटे-छोटे
घनी छांह में, जग से अलग, किन्तु परस्पर सलग।
और नयन शायद अधमींचे।
और उषा की धुंधली-सी अरुणाली पी सारा जग सींचे।
छोटे, इतने छुद्र कि जग की सदा सजग आंखों की एक अकेली झपकी
एक पलक में वे मिटा जायें, कहीं न पाये—
छोटे किन्तु द्वित्व में इतने सुन्दर, जग हिय ईर्ष्या से भर जावें—
भर क्यों—भरा सदा रहता है—छल-छल उमड़ा आवे।

कवि के लिए यह अचरज़ के समान इसलिए है कि—इस समाज में नैतिक वर्जनाओं के कारण दो मानव-प्राणियों में ऐसा स्वच्छन्द और अबाध प्रेम संभव नहीं है—तभी तो 'जग हृदय ईर्ष्या से भर जाते हैं।' किन्तु अज्ञेय की इस कविता में चित्रित दो पक्षियों के प्रेम की यह स्वाभाविकता समाज के नैतिक मूल्यों पर चोट भी है।

अज्ञेय को पक्षियों में हारिल सबसे अधिक प्रिय है। उनकी कविताओं में वह स्वयं उन्हीं का प्रतीक बनकर आया है। यह महज संयोग की बात नहीं है कि अज्ञेय के देहान्त के बाद डॉ० विद्यानिवास मिश्र ने उनके बारे में संस्मरण लिखा, उसका शीर्षक है—'हारिल उड़ गया'। वास्तव में डॉ० मिश्र ने इसी संस्मरण में अज्ञेय को 'हिन्दी का हारिल' माना भी है। 'हिन्दी का हारिल' अज्ञेय थे या नहीं यह भले ही विवाद का विषय हो जाय, लेकिन इससे यह तो स्पष्ट होता ही है कि मिश्रजी के दिमाग में भी यह बात रही है कि अज्ञेय ने खुद को 'हारिल' के समान माना है। 'आज थका हिय हारिल मेरा' में हारिल उद्दाम प्रणय की लालसा से प्रेरित है—

इस सूखी दुनिया में प्रियतम मुझको और कहां रस होगा?
शुभे तुम्हारी स्मृति के सुख से प्लावित मेरा मानस होगा?
दृढ़ डैनों के मार थपेड़े अखिल व्योम को वश में करता,
तुझे देखने की आशा से अपने प्राणों में बल भरता,

मोर बादल के लिए आवाज लगाते रहते हैं, चातक स्वाति-बूंद की प्रतीक्षा में चुपचाप बैठकर पी-पी की सिर्फ रट लगाये रहते हैं, जबकि पौरुष से मदमाते हारिल को इस तरह चुपचाप बैठे रहना बिल्कुल पसन्द नहीं है—वह अपने प्रिय कंचन पक्षी की प्राप्ति के लिए सदा सघर्षरत रहता है—

हारिल को यह सह्य नहीं है—वह पौरुष का मदमाता है
इस जड़ धरती को ठुकरा कर उषा-समय वह उड़ जाता है।

"बैठो, रहो, पुकारो—गाओ, मेरा वैसा धर्म नहीं है,
मैं हारिल हूं, बैठे रहना मेरे कुल का कर्म नहीं है।

तुम प्रिय की अनुकम्पा मांगो, मैं मांगू अपना समकक्षी
साथ-साथ उड़ सकने वाला एक मात्र वह कंचन-पक्षी।"

स्वाभिमानी हारिल कभी निराश होना नहीं जानता और कठिन-से-कठिन परिस्थितियों में भी पराजय स्वीकार नहीं करता—

चातक है, केकी है, सन्ध्या को निराश हो सो जाते हैं,
हारिल हैं—उड़ते-उड़ते ही अन्त गगन में खो जाते हैं।

कोई प्यासा मर जाता है, कोई प्यासा जी लेता है
कोई परे मरण-जीवन से कड़ुवा प्रत्यय पी लेता है।

किन्तु, विकट संघर्ष के बाद अन्त समय में जब हारिल के प्राण थक जाते हैं, अंधियारी सन्ध्या आकर उसे घेर लेती है, तब भी वह झुककर भूमि पर उतरने को तैयार नहीं होता। इस अन्त समय में उसे सिर्फ इस बात का दिलासा चाहिए कि इसी सूने अंधेरे में कहीं उसका कंचन-पक्षी भी होगा—

पर प्रिय! अन्त समय में क्या तुम इतना मुझे दिलासा दोगे—
जिस सूने में मैं लुट चला, कहीं उसी में तुम भी होगे।

'उड़ चल हारिल' कविता में हारिल सर्जनात्मक ऊर्जा से भरपूर अज्ञेय के व्यक्तित्व का प्रतीक बनकर आया है, जिसे निरन्तर सृजन की चाह है—

उड़ चल, हारिल, लिये हाथ में यही अकेला ओछा तिनका
उषा जाग उठी प्राची में—कैसी बाट भरोसा किनका?
शक्ति रहे तेरे हाथों में—छूट न जाय यह चाह सृजन की,
शक्ति रहे तेरे हाथों में—रुक न जाय यह गति जीवन की?
ऊपर-ऊपर-ऊपर-ऊपर—बढ़ा चीरता चल दिक् मंडल
अनथक पंखों की चोटों से नभ में एक मचा दे हलचल।

किन्तु हारिल के आस-पास का वातावरण सृजन के अनुकूल नहीं है, लोग उसका उपहास उड़ा रहे हैं, फिर भी वह अविचलित है—

कांप न, यद्यपि दसों दिशा में तुझे शून्य नभ घेर रहा है,
रुक न, यद्यपि उपहास जगत का तुझ को पथ से हेर रहा है।

यह कविता 2 अक्टूबर 1938 को लिखी गयी है। यह वही समय है, जब अधिकांश प्रगतिवादी कवियों ने कविता को नारेबाजी में बदल दिया था और उत्तर-छायावादी कवियों की रुग्ण-रूमानियत से पूरा काव्य-परिदृश्य धुंधला पड़ गया था। अज्ञेय को यही सर्जनात्मक शून्यता उस समय घेर रही थी, जिसके बीच से संघर्ष करते हुए वे अपने लिए सृजन का श्रेष्ठ मार्ग निकाल रहे थे।

यहां यह उल्लेखनीय है कि हारिल-पक्षी पर रची ये दोनों कविताएं 'इत्यलम' में संग्रहीत हैं, जो 1946 में प्रकाशित हुई थीं। ये कविताएं 'सर्जनात्मक-ऊर्जा से तने हुए' अज्ञेय का काव्य-व्यक्तित्व सामने लाती हैं।

अज्ञेय को तोता या कीर भी बहुत प्रिय है। उन्होंने कुछेक कविताएं स्वतंत्र रूप से इस पक्षी पर लिखी हैं। 'कीर' कविता में यह पक्षी जीवन के उल्लास से भरपूर है। कीर की चोंच लाल होती है, कवि के अनुसार यह उसके आह्लादित होकर गाये जानेवाले गान का प्रतीक है। यह आह्लादित गान प्रेम के कारण फूटता है और प्रेम का रंग लाल माना गया है। कीर की कंठ-रेखा भी आरक्त होती है—यह इस बात का प्रतीक है कि आह्लाद उसके प्राणों में बसता है। फिर आकाश में उड़ते हुए कीर का गतिशील बिम्ब तो अद्भुत है—

> प्रच्छन्न गगन का वक्ष चीर जा रहा अकेला उड़ा कीर,
> जीवन से मानो कम्प-युक्त आरक्त धार का तीक्ष्ण तीर ?
> ....
>
> आरक्त कीर का चंचु, क्योंकि आरक्त सदा ही ह्लाद गान,
> आरक्त कंठ-देखा—कि आह्लाद का दुर्निवार प्राणावसान ?

दूसरी कविता 'कीर की पुकार' में कीर का गान वेदना का विह्वल गान बन कर आया है, जिससे कवि की स्मृति-वीणा झनझना उठती है—वह विकल हो जाता है। वह कीर से पूछता है कि तुम्हारा रंग-रूप तो आशा का संकेत है, लेकिन तुम्हारे आलाप में बसी इस घोर-व्यथा का कारण क्या है—

> तड़पी कीर की पुकार : प्राण !
> विह्वल नाच उठा यह मेरा छोटा-सा संसार-प्राण !
> कितनी जीवनियों की नीरवता छिन्न हुई उस स्वर से सहसा
> मेरा यह संगीत अपरिचित जगत हुआ ध्वनि से आलोकित
> दुर्निवार कर-स्पर्श प्रताड़ित
> स्मृति वीणा झनझना उठी वह लोकोत्तर झनकार ! प्राण !! प्राण !!!
> कीर तुम्हारा रंग-रूप है पृथ्वी का आशा-संकेत
> यह तीखा आलाप तुम्हारा क्यों फिर घोर व्यथा का हेतु ?

'अतीत की पुकार' में कीर के जोड़े को आसमान में उड़ते हुए देखकर कवि को अपने अतीत की स्मृति हो आती है—जब वह स्वयं ही कीर की तरह अबाध गति से आगे बढ़ता जा रहा था और उसकी 'प्राण' उसके साथ थी।

अज्ञेय ने जंगली कबूतर पर भी एक स्वतंत्र कविता की रचना की है। इस 'वन पारावत' कविता में मंदिर के भग्नावशेष पर कबूतर का एक जोड़ा बैठा है। वसन्त के आगमन से उनमें प्रणय की कामना बलवती हो उठी है। मधु-आगम के साथ ही उनमें प्रेम की आकांक्षा का इस तरह से जगना इस बात का प्रमाण है कि प्रकृति के साथ उनके हृदय के तार कहीं गहरे जुड़े हुए हैं—जो बात संभवत: आधुनिक मानव के साथ नहीं रही। महत्त्वपूर्ण बात यह भी है कि मानवों की तरह, जो अक्सर मन में प्रणय की वासना जगने पर भी उसे तुच्छ समझते हुए तथाकथित नैतिक मूल्यों के कारण दबा देते हैं या दबाने के लिए मजबूर कर दिए जाते हैं—ऐसी कोई अस्वाभाविक नैतिकता के नाम पर आरोपित कोई अनैतिक बाध्यता मानवेतर प्राणियों के साथ नहीं है। यह तो वसन्त के आगमन से उपजी नैसर्गिक मांग है, जो पूरी होनी ही चाहिए। इसीलिए कवि कपोत-युगल से कहता है—

> खग-युगल ? करो संपन्न प्रणय, क्षण के ज़ीवन में हो तन्मय
> हो अखिल अवनि ही निश्रत निलय।
> हाय तुम्हारी नैसर्गिकता ? मानव-नियम निराला है—
> वह तो अपने से ही अपना प्रणय छिपानेवाला है ?

यहां यह ध्यान देने की बात है कि कीर और वन-पारावत पर लिखी ये चारों कविताएं 'इत्यलम' में संकलित हैं।

अज्ञेय की कविता में मोर भी बार-बार आये हैं। रात में मोर की आवाज कैसा प्रभाव डालती है, इसका एक चित्र देखने योग्य है—

> रात के रहस्यमय, स्पन्दित तिमिर को भेदती मुखर-सी
> कौंध गयी बौखलाये मोर की पुकार—
> वायु को कंपाती हुई, छोटे-छोटे बिन-जमे ओस बिन्दुओं को झकझोरती,
> दु:सह व्यथा-सी नभ पार !
>
> ('चेहरा उदास'—'इत्यलम' से)

इस दु:सह व्यथा-सी भरी आवाज को सुनकर कवि को अपने एकमात्र संगी का उदास चेहरा, स्मृति के अंधकार को चीर कर जैसे उभर आता है। यह उदास चेहरा उसके लिए जीवन-कुहासे को भेदकर उगा हुआ तारा है, जो उसे स्निग्ध स्पर्श और सान्त्वना प्रदान करता है।

'रूप-केकी' कविता में मोर रूप है और इस रूप का असली सार है बादल। इन दोनों (मोर और बादल) के बीच कवि ने रहस्यवादी संबंधों का ताना-बाना बुना है। कवि कहता है कि रूप-केकी की पुकार से यह सूना गगन नहीं भर सकता है और न ही सिर्फ अपने उड़ान से वह पृथ्वी की आकर्षण शक्ति से उबार सकती है, इसलिए सार-धन को बरसना चाहिए। यह कविता 'अरी ओ करुणा प्रभामय' में संग्रहीत है।

अज्ञेय के काव्य में भारतीय काव्य-परम्परा में पारंपरिक रूप से अत्यधिक आनेवाले पक्षी जैसे चातक और कोयल भी खूब आये हैं। इन दोनों के संबंध में भारतीय-काव्य में कई कवि-समय और कथा-रूढि प्रचलित रहे हैं। अज्ञेय ने इनका भी अपनी कविता में उपयोग किया है। उनके काव्य में जब ऋतुराज बसन्त या वर्षा ऋतु आती है तो वहां चातक और कोयल अक्सर रहते हैं। चातक की हूक, चातकी की वेदना और कोयल की कुहू-कुहू से उनकी प्रकृति संबंधी कविताएं अक्सर गूंज उठती हैं।

चातक या पपीहे की पुकार का संबंध विरह की वेदना से माना जाता है। दो पंखुड़ियों के फूल से बिछुड़ने के एक बिम्ब के माध्यम से प्रणय के लिए आकुल हृदय का एक खूबसूरत बिम्ब कवि ने उकेरा है—

जब पपीहे ने पुकारा—मुझे दीखा—
दो पंखुड़ियां झरी लाल गुलाब की, तकती पियासी
पियासे ऊपर झुके उस फूल को
ओठ ज्यों ओठों तले।

('जब पपीहे ने पुकारा', 'हरी घास पर क्षण भर' से)

इस दृश्य को देखकर कवि का विरही मन भी दर्द से हंस देता है।

अज्ञेय की कविता में बुलबुल पक्षी भी आया है। 'कच्चा अनार : बच्चा बुलबुल' में बच्चा बुलबुल रोज आता है और नादानी से दो-चार चोंच अनार पर मारता है। एक दिन अनार गिरकर फूट जाता है—दाने बिखर जाते हैं। अनार का फूटना जैसे दिल के टूटने के समान है—उस दिन से कवि बच्चा बुलबुल के साथ अपना एक नया संबंध विकसित होता हुआ महसूस करता है। कविता अपेक्षाकृत गद्यात्मक है और भावनाएं बिखरी हुई हैं। इस कविता की रचना मई 1968 में हुई है।

अज्ञेय ने अपनी कविता में कौआ को भी स्थान दिया है। कौआ अपने बेसुरेपन के लिए और काला रंग होने के कारण अपनी सौन्दर्यहीनता के लिए भी प्रसिद्ध है। इन्हीं कारणों से शायद लोकमानस भी उसे अशुभ मानता है। इस अर्थ में यह पक्षी बहुत कुछ अकाव्यात्मक किस्म का है, इसलिए आमतौर पर कवियों ने भी

अपना दामन इससे बचाकर रखा है। किन्तु, कौआ लोक-जीवन का अनिवार्य सदस्य है—उसके बिना किसी गांव के संपूर्ण जीवन की कल्पना नहीं की जा सकती। लोक-हृदय ने इसे भी एक-दो अच्छे काम सौंपे हैं, जैसे आगुन्तक अतिथि की पूर्व-सूचना देने का काम इसी का है, जो वह उछल-उछलकर कांव-कांव करते हुए देता है। इसलिए, वास्तविक जीवन के चित्रण का आग्रह लेकर चलनेवाला कोई भी कवि इससे बच नहीं सकता।

'पावस-प्रात, शिलङ' में अज्ञेय ने कौआ का चित्रण उसी लोकमानस के अर्थ में किया है, जो उसे अशुभ मानता है। यहां उसकी बेसुरी आवाज जीवन की व्यर्थता का बोध कराती है—

भोर बेला, सिंची छत से ओस की तिप्-तिप् पहाड़ी काक
कि विजन को पकड़ती-सी क्लान्त बेसुर डाक—
'हाक्! हाक्! हाक्!
मत संजो यह स्निग्ध सपनों का अलस सोना—
रहेगी बस एक मुट्ठी खाक्!
याक्! याक्! याक्!

('हरी घास पर क्षण भर' से)

इस कविता का विश्लेषण करते हुए राजेन्द्र प्रसाद ने ठीक लिखा है—"ओस के टपकने के लिए तिप्-तिप् का प्रयोग तथा पहाड़ी काक की डाक के लिच हाक्-हाक् का प्रयोग ताजगी लिये हुए है। इन पक्तियों में ध्वनिवाची शब्दों के द्वारा पहाड़ी सुबह का इन्द्रियगोचर बिम्ब प्रस्तुत हुआ है।"

('अज्ञेय : कवि और काव्य', पृ० 131)

अज्ञेय ने कौआ के अशुभ सूचक रूप और बेसुरी आवाज पर क्रीड़ा-भाव से एक कविता 'सवेरे-सवेरे' लिखी है। 'सवेरे-सवेरे' बुलबुल नहीं आती, श्यामा फुटकी या दंहगल भी गाना नहीं सुनाती, न ही फूलसुंघनी फेरे लगाती है। जागते ही कौए की कांव-कांव सुनायी पड़ती है—अब ऐसे में भला कैसे किसी के मन में विश्व-प्रेम जैसे अच्छे और ऊंचे विचार आ सकते हैं—

बोलो भला सच-सच
कैसे विश्व-प्रेम फिर ल्यावे कोई?
कैसे आशीर्वचन—'भदन्तु सर्वे प्रसीदन्तु सर्वे,
सर्वे सुखिनः सन्तु।' गावे कोई?
ऐसी औंधी खोपड़ी क्यों पाये कोई?
कांय! कांय! कांय!

मुंह से यही हाय ! निकले है मेरे—
'धत्तेरे नास जाय !'
सच मुंह-अंधेरे सवेरे-सवेरे !

('हरी घास पर क्षण भर' से)

यहां 'धत्तेरे नास जाय' वाक्यांश का प्रयोग कविता को सीधे लोकसन्दर्भ से जोड़ देता है—और इस तरह कविता के अर्थ को विस्तार मिलता है ।

छायावादी काव्य-संवेदना में कौए जैसे अशुभ और कुरूप पक्षी के लिए कोई जगह नहीं थी—यथार्थ-चित्रण का आग्रह रखनेवाली प्रगतिशील कविता और 'ताद्वत-संसार' के चित्रण का घोषित संकल्प लेकर चलने वाली नयी कविता के लिए ही यह संभव था कि वह कौए जैसे जीव को भी अपना उचित स्थान दे । वैसे 'सवेरे-सवेरे' कविता की लोकोन्मुखता और भाषागत-प्रयोग उसे प्रगतिशील काव्य-संवेदना के अधिक करीब ले जाती है ।

इनके सिवा भी अज्ञेय के काव्य में बहुत से पक्षी आये हैं, जैसे चकवी, टिटहरी चिरैया, गौरैया, बगुला, हंस, फुदकी, देंहगल, फूलसुंघनी और खंजन आदि ।

ध्यान देने की बात यह भी है कि पक्षियों पर लिखी अधिकांश महत्त्वपूर्ण कविताएं सन् 1958 के पहले की हैं । हारिल, कीर, कबूतर, मोर, चातक और कौआ पर लिखी सभी श्रेष्ठ कविताएं या तो 'इत्यलम' में संग्रहीत हैं या फिर 'हरी घास पर क्षण भर' में । अज्ञेय ने उत्तरवर्ती-काव्य में स्वतंत्र रूप से किसी पक्षी पर कोई महत्त्वपूर्ण कविता नहीं लिखी है । उनके उत्तरवर्ती काव्य में प्रासांगिक ढंग से पक्षी आये भी हैं तो उनमें वह जीवन-शक्ति देखने को नहीं मिलती जो 'उड़ चल हारिल' या 'कीर' में देखने को मिलती थी, उनका रंग-रूप भी यहां फीका पड़ गया है । पक्षियों के प्रति कवि अज्ञेय की यह उदासीनता क्या उनकी संवेदना की व्यापकता के सीमित होने और उनकी कल्पना के पंख के ही शिथिल पड़ने का प्रमाण नहीं है? पक्षियों की जीवन-शक्ति में यह ह्रास उनकी सृजनात्मक-शक्ति में ही किसी स्खलन की ओर संकेत नहीं करता ? वैसे, एक स्तर पर पक्षियों के साथ अज्ञेय का लगाव जीवन-भर बना रहा । तभी तो जीवन के अंतिम-दिनों में उन्हें नीम के पेड़ पर घोंसले के समान घर बनाकर रहने की इच्छा जगी थी । घोंसला तो बन गया पर हारिल ही न जाने कहां उड़ गया—फिर कभी न लौटने के लिए ।

उत्तर-काव्य : पहाड़ पर निवास और सागर के सामीप्य की चाह

अज्ञेय के उत्तर-काव्य में फूलों, पौधों और पक्षियों का महत्त्व घट गया है। न सिर्फ इन पर स्वतंत्र रूप से लिखी कविताओं की संख्या बहुत कम हो गयी है बल्कि काव्य में अपेक्षाकृत इनका बिम्ब और प्रतीक के रूप में प्रयोग भी कम हो गया है। उत्तर-काव्य में इस कमी से उपजी शून्यता को नदी, सागर और पहाड़ भरसक भरते हैं, इन तीनों में भी मुख्य रूप से सागर और पहाड़। अज्ञेय के काव्य में 'प्रकृति' का यह परिवर्तन क्या उनकी संवेदना के स्वरूप में भी बदलाव की ओर महत्त्वपूर्ण संकेत नहीं करता ? यह एक अहम् प्रश्न है, जिस पर हम अंतिम अध्याय में विचार करेंगे। फिलहाल यहां अज्ञेय की कविता में नदी की स्थिति देखें।

नदी : 'नदी के द्वीप'

अज्ञेय ने आरम्भ से ही व्यक्ति और समाज के बीच क्या संबंध हो—इस समस्या पर विचार किया है। वे व्यक्ति और समाज के बीच ऐसा संबंध चाहते हैं, जिससे मानव के व्यक्तित्व का स्वतंत्र विकास सर्वाधिक संभव हो सके। डॉ० राम स्वरूप चतुर्वेदी के अनुसार, "अज्ञेय के लिए मानवीय व्यक्तित्व की समस्या बराबर केन्द्र में रहती है। उसे संपृक्त, सर्जनात्मक और आधुनिक बनाने की कोशिश उनके कवि-कर्म का प्रधान अंग है।" ('अज्ञेय और आधुनिक रचना की समस्या', पृ० 6) ऐसे व्यक्तित्व के विकास के लिए वे जिस तरह का संबंध व्यक्ति और समाज के बीच चाहते हैं, उसे सर्वाधिक स्पष्ट रूप से उन्होंने अपनी कविता 'नदी के द्वीप' में सामने रखा है। अज्ञेय समाज-विरोधी नहीं हैं, वे व्यक्तित्व के निर्भाण में समाज की भूमिका स्वीकार करते हैं—

हम नदी के द्वीप हैं।
हम नहीं कहते हैं कि हमको छोड़कर स्रोतस्विनी बह जाय।
वह हमें आकार देती है।

हमारे कोण, गलियां, अन्तरीप, उभार, सेकत कूल,
सब गोलाइयां उसकी गढ़ी हैं।
मां है वह। है, इसी से हम बने हैं ।

किन्तु, मुश्किल यह है कि समाज-निर्माण में वे व्यक्ति की कोई छोटी-सी भूमिका भी स्वीकार करते प्रतीत नहीं होते—

किन्तु हम हैं द्वीप ।
हम धारा नहीं हैं ।
स्थिर समर्पण है हमारा। हम सदा से हैं स्रोतस्विनी के
किन्तु हम बहते नहीं हैं । क्योंकि बहना रेत होता है ।

धारा या लोक के साथ यह न मिलने की जिद, संघर्ष की जगह समर्पण की यह निराशाजनक-प्रवृत्ति अज्ञेय को अलगाव या अकेलेपन की उस अंधी-गली में ले जाती है, जिसके आगे कोई दूसरी राह नहीं है। उत्तर अज्ञेय में बहुत-से आलोचकों ने जिस रचनात्मक-क्षरण को रेखांकित किया है—उसका भी मूल कारण यह अलगाव और इसके आगे समर्पण ही है। कवि का यही तर्क उसे उस तार्किक परिणति तक पहुंचाता है—जहां वह क्रांति-विरोधी बन जाता है—

यदि देखा कभी हो
तुम्हारे अह्लाद से या दूसरों के किसी स्वैराचार-अतिचार से
तुम बहो, प्लावन तुम्हारा घरघराता उठे,
यह स्रोतस्विनी ही कर्मनाशा कीर्तिनाशा
घोर काल-प्रवाहिनी बन जाय
तो हमें स्वीकार है वह भी। उसी में रेत होकर
फिर छनेंगे हम। जमेंगे हम। कहीं फिर पैर टेकेंगे।
कहीं फिर भी खड़ा होगा नये व्यक्तित्व का आकार।
प्रातः उसे फिर संस्कार तुम देना ।

यहां 'आह्लाद' या 'स्वैराचार', 'अतिचार' से विप्लव या क्रान्ति की ओर संकेत है। कहने की जरूरत नहीं कि क्रान्ति के समय अज्ञेय का यह तटस्थ-विरोध उन्हें एक खास अर्थ में समाज के विकास का भी विरोधी बना देता है।

वैसे, अज्ञेय में कहीं-कहीं लोक-जीवन से जुड़ने की भावना और लोक-कल्याण के स्वर भी सुनाई पड़ते हैं। एक स्थान पर उन्होंने कहा है—"भावनायें तभी फलती हैं कि उनसे लोक के कल्याण का अंकुर कहीं फूटे ?" 'बांगर और खादर' कविता भी उनकी इसी दुर्लभ मनोवृत्ति का प्रतिनिधित्व करती है। यह अलग बात

है कि रचनात्मक उपलब्धि के लिहाज से स्वयं यह कविता महत्त्वपूर्ण नहीं है। बहरहाल, बांगर में एक कुआं है, जो राजाजी का अपना है। उसका जल मीठा और शीतल है, लेकिन उस पर हमेशा पहरेदारी रहती है। खादर में एक नदी बहती है, जो लोक-जन के लिए सिर्फ पीने के ही काम नहीं आती बल्कि जीवन से मरण तक उसी के सहारे चलता है। अंत में, कवि कहता है—

बांगर का कुआं
राजाजी का अपना है,
लोक-जन के लिए एक
कहानी है, सपना है।
खादर की नदी नहीं
किसी की बपौती की,
पुरवे के हर घरवे को
गंगा है अपनी कठौती की।

यहां इस कविता का 'बांगर और खादर' शीर्षक बड़ा अर्थ-व्यंजक बन पड़ा है— बांगर ऊंची जमीन को कहते हैं और खादर निचली जमीन को। स्वभावतः यह राजा और लोक-जन की सामाजिक स्थिति से जाकर जुड़ती है और उसे पूरी कविता में व्यंजित कर जाती है।

लोक-जीवन से जुड़ाव का एक दूसरा रूप हमें केरल की एक नदी 'पेरियार' पर लिखी कविता में देखने को मिलती है। दोपहरी के सन्नाटे में नदी से जल भर कर नयी-नवेली बहुरिया का अपनी गगरी को कमर पर रखने का सलज्ज अंदाज विलक्षण है—

और घाट की संकरी सीढ़ी पर
घुटने पर टेक गगरिया
खड़ी बहुरिया
थिर पलकों को एकाएक झुका
कर ओट भंवरती धूमिल बिजली को,
फिर उठा बोझ चढ़ने लगती है।

दोपहरी के सन्नाटे में कवि के व्यथित मन पर यह दृश्य जैसे स्नेह-स्पर्श की तरावट का काम करता है। लेकिन, बाद में सन्नाटा फिर खींच जाता है। कहने की जरूरत नहीं कि लोक-जीवन से जुड़ाव का यह रूप अधिक सहज और मूल्यवान है।

नदी का एकांत तट किसी के प्रेम में डूबने के लिए भी अच्छी जगह है। शाम का झुटपुटा, नदी के किनारे बिछा हुआ बालू और ऊपर खिली हुई चांदनी—

रोमांस के लिए इससे बेहतर जगह और भला क्या हो सकती है ? वैसे भी नदी का भारतीय प्रेम की परम्परा के साथ जुड़ाव बड़ा गहरा है—राधा-कृष्ण के प्रेम के साथ यमुना नदी का रिश्ता कितना अटूट है—इसे कौन नहीं जानता। इसलिए अज्ञेय ने नदी पर जो पहली कविता लिखी है, उसमें इस परंपरा की स्मृति बनी हुई है तभी तो उन्होंने उसका शीर्षक भी दिया है—'अकेली मत जैयो राधे जमुना के तीर'। इस कविता में कवि ने प्रेम से तन्मय क्षणों में मान-मनुहार की बातों, स्वाभाविक हरकतों और आपसी बातचीत का बड़ा ही खूबसूरत चित्र खींचा है—

केवल बातें ? हम आ जाते अभी लौटकर छिन में—
मान कुछ, मनुहार कुछ, कुछ व्यंग्य वाणी में।
दामिनी की कोर-सी चमकी अंगुलियां शान्त पानी में।
नदी किनारे रेती पर आता है कोई दिन में ?
कवि बने हो ? युक्तियां हैं सभी थोथी—निरा शब्दों का विलास है।

वैसे इस कविता में एक स्मृति और बसी है—वह स्मृति दर्द की है—

मैं रह गया क्षितिज को अपलक देख।
और अन्तर स्वर रहा मन में—
'क्या जरूरी है दिखाना तुम्हें
वह जो दर्द मेरे पास है' ?

इस स्मृति से जुड़कर कविता का शीर्षक 'अकेली मत जैयो राधे जमुना के तीर' कितना कुछ कह जाता है।

'औपन्यासिक' शीर्षक कविता बातचीत की नाटकीयता के सहारे बुनी गयी है। नायक कहता है कि जिस मन:स्थिति में वह स्वयं है, इस मन:स्थिति में वह अपने पात्र को उपन्यास में अकेले बैठकर शराब पीते हुए दिखलाता। नायिका कहती है ऐसे में वह अपने पात्र को नदी के किनारे उदास बैठे हुए दिखाती। नायक फिर कहता है तब वह अपना शराबखाना उसकी नदी के किनारे बनायेगा। नायिका का उत्तर है—'मेरी नदी के किनारे तुमको अकेले बैठने कौन देगा, यह भी सोचा है ?' नायक—'नदी के किनारे तुम मुझे असेला नहीं होने दोगी, तो शराब पीना ही कोई क्यों चाहेगा, यह भी कभी सोचा है ?' और तब इस नोंक-झोंक के अन्त में—

इस पर हम दोनों हंस पड़े। वह
उपन्यास वाली नदी और कहीं हो न हो,

इस हंसी में सदा बहती है,
और वहां शराबखाने की कोई जरूरत नहीं है।

वैसे, इस कविता में बातचीत का एक टुकड़ा यह भी आता है—

मैंने कहा ? शराबखाना
न सही बैठने लायक जगह ? पर अपने शहर में
ऐसा नदी का किनारा कहां मिलेगा
जो बैठने लायक हो—उदासी में अकेले
बैठकर अपने पर कुढ़ने लायक ?

उदास बैठने के लिए नदी का एकांत किनारा न मिल पाने की विडम्बना आधुनिक औद्योगिक सभ्यता के विकास की देन है। इसके कारण मानव का प्रकृति के साथ रिश्ता टूटता जा रहा है। अपने आत्म-विस्तार के लिए प्रकृति का जो प्रांगण उसे चिरकाल से उपलब्ध था, वह उससे छिनता जा रहा है। इस प्राकृतिक रिश्ते के टूटने की पीड़ा अज्ञेय के काव्य में बार-बार व्यंजित हुई है। ध्यान देने की बात यह भी है कि अज्ञेय ने यह कविता अक्टूबर 1968 को लिखी है। सत्तावन वर्ष की उम्र में इतनी अच्छी कविता लिख लेना अपने-आप में किसी कवि के लिए एक बड़ी उपलब्धि है।

'सो रहा है झोंप' कविता में अज्ञेय ने नदी की जांघ पर रतिश्रान्त झोंप अंधियाले के सोये हुए होने का बड़ा ही इरॉटिक बिम्ब खींचा है—

सो रहा है झोंप अंधियाला नदी की जांघ पर :
डाह से सिहरी हुई है चांदनी
चोर पैरों से उझककर झांक जाती है।

यहां नदी के तट पर मानव नहीं स्वयं प्रकृति जैसे वासना में निमग्न है। अंधियाले के साथ 'झोंप' विशेषण का प्रयोग अंधकार की सघनता के साथ उसके झुके हुए होने का अहसास कराती है। फिर नदी के साथ अंधियाले को वासना में निमग्न देखकर चांदनी का डाह से सिहरने और फिर उझककर झांकने का गतिशील रूप पूरे बिम्ब को मानवीय स्पर्श देते हुए जीवन्त बना जाता है।

'सो रहा है झोंप' में यदि संयोग-सुख का इरॉटिक बिम्ब है तो 'नदी तट : एक दिन' में बिदाई की घड़ी को चित्रित करने की कोशिश की गयी है—

नदी की बांक
गोरी चमक बालू की
विदा की आर्द्र लालिमा

मेघ की रेखा :
नीरव बलाका ।

यहां नदी का मोड़, शाम ढलने के वक्त आसमान पर छायी लाली और अन्त में उड़कर कहीं दूर जाते हुए कबूतरों की पंक्ति के माध्यम से विदा की घड़ी को पकड़ा गया है ।

इस विदाई के बाद 'लक्षण' कविता में कवि घर-परिवार से कहीं दूर रह रहा है । लोक-मानस का यह विश्वास है कि यदि नदी में मछलियां उछल रही हों तो यह इस बात का लक्षण है कि दूर कहीं क्षितिज के पास बादल उमड़ रहे होंगे । कवि इसी बात के साथ घर में आटा उछलने और प्रवासी के लौटने का तुक मिलाता है—

नदी में
मछलियां उछलती हैं :
क्षितिज पर उमड़ रहे होंगे
बादलों के साये
क्या तुम्हारे चौके में
आटा नहीं उछलता
कि यह प्रवासी
लौट आये ?

'नदी की बांक पर छाया' कविता तक विदाई का दर्द जैसे सदा के लिए वियोग में बदल जाता है—लौटने और न लौटने की स्थिति पीछे छूट जाती है—सिर्फ स्मृति का दर्द गहरा उठता है । जिस नदी के तट से कवि की अनगिन पुरानी यादें जुड़ी हैं, वहीं अकेले पहुंचने पर पुरानी स्मृतियां उसे फिर से घेर लेती हैं—

नदी की बांक पर
छाया
सरकती है
कहीं भीतर
पुरानी भीत
धीरज की
दरकती है
कहीं फिर बध्य होता है ।

पूर्व अज्ञेय में अतीत की इन स्मृतियों से बचने के लिए एक छटपटाहट देखने को

मिलती है—

भोर बेला—नदी तट की घंटियों का नाद।
चोट खाकर जग उठा सोया हुआ अवसाद।
नहीं, मुझको नहीं अपने दर्द का अभिमान—
मानता हूं मैं पराजय है तुम्हारी याद?

किन्तु यहां उत्तर अज्ञेय में यह छटपटाहट समर्पण में बदल गयी है—

दर्द से कोई
नहीं है ओट
जीवन को
व्यर्थ है यों
बांधना मन को
पुरानी लेखनी
जो आंकती है
आंक जाने दो

अज्ञेय ने मुक्ति की कामना या मृत्यु-बोध पर भी अनेकों कविताएं लिखी हैं। 'हम नदी के साथ-साथ' कविता में नदी का सागर से मिलना जैसे जीवन के मृत्यु से मिलने के समान है। कवि भी इस नदी के साथ-साथ मृत्यु के सागर तक जाता है, किन्तु अपने को जीवन के व्यामोह से मुक्त नहीं कर पाता—वह फिर से अपनी उसी पुरानी अस्ति की टोह में लौट आता है—

नदी की नाव
न जाने कब खुल गयी
नदी ही सागर में घुल गयी
हमारी ही गांठ न खुली
दीठ न धुली
हम फिर, लौटकर फिर गली-गली
अपनी पुरानी अस्ति की टोह में भरमाते रहे।

अपने रचनाकाल के अंतिम दौर में अज्ञेय 'भक्ति'-दर्शन से बहुत प्रभावित नजर आते हैं। 'कदम्ब-कालिन्दी' कविता इसी प्रभाव में रची गयी है। किन्तु, इस कविता में भगवान के सामने वे विनयशील रूप में नहीं हैं, बल्कि राधा-कृष्ण सुमिरन का तो बहाना है, असल में उद्देश्य 'कविताई' है। इस कविता के 'पहला

वाचन' में कन्हैया की वंशी की तान सुनकर राधा उनसे मिलने यमुना के तट पर रात में जाती है। राधा के पैरों की आहट से कैसे यमुना के तट का घुप अंधेरा क्षण भर के लिए विक्षुब्ध हो उठता है—इसका विलक्षण बिम्ब कवि ने उकेरा है—

द्वार पर भर, गहर,
ठिठकी राधिका के नैन
झरे कंप कर
दो चमकते फूल।
फिर—वही सूना अंधेरा
कदम सहसा
घुप कालिन्दी कूल?

'कदम्ब-कालिन्दी' (दूसरा वाचन) में अज्ञेय ने कृष्ण के वियोग में राधा की मनः-स्थिति का चित्रण किया है। वही यमुना नदी का किनारा यहां भी है, लेकिन कितना सूना—

द्वार थोड़ा हिले—
झरे-झपके राधिका के नैन
अलक्षित टूटकर
दो गिरे तारक बूंद।
फिर—उसी बहती नदी का
वही सूना कूल?—
पार—धीरज भरी
फिर बह रही वंशी टेर?

दरवाजे का सिर्फ थोड़ा-सा हिलना, राधिका के नैन से तारों के समान दो बूंदों का गिरना···और दूर कहीं वंशी की धीरज भरी टेर—राधा की व्यथा का पूरा पता देती है। यहां अज्ञेय के संवेदनक्षम बिम्ब-निर्माण की क्षमता असंदिग्ध है।

सागर : विराट् सौन्दर्य की पहचान

अज्ञेय का सागर के प्रति दुर्निवार आकर्षण है। सागर बड़ा है, गहरा है, अबाध है, विराट है। सागर के इस विराट रूप को देखकर अज्ञेय को विराट का बोध होता है। विराट का यह बोध उन्हें दो रूपों में होता है—एक तो यह पूरी प्रकृति असीम और विराट लगती है, दूसरे उन्हें स्वतः अपनी विराटता का भी बोध होता है। अपने काव्य-जीवन के आरंभिक दौर में ही उन्होंने 'रहस्यवाद' शीर्षक से एक

कविता लिखी थी, जिसमें उनके इस रहस्यवादी-बोध के अंकुर साफ देखे जा सकते हैं—

मैं भी एक प्रवाह में हूं—
लेकिन मेरा रहस्यवाद ईश्वर की ओर उन्मुख नहीं है,
मैं उस असीम शक्ति से संबंध जोड़ना चाहता हूं—
अभिभूत होना चाहता हूं—
जो मेरे भीतर है।
शक्ति असीम है, मैं शक्ति का एक अणु हूं,
मैं भी असीम हूं।
एक असीम बूंद असीम समुद्ध को अपने भीतर प्रतिबिम्बित करती है,
एक असीम अणु उस असीम शक्ति को जो उसे प्रेरित करती है
अपने भीतर समा लेना चाहता है
उसकी रहस्यमयता का परदा खोलकर उसमें मिल जाना चाहता है—
यही मेरा रहस्यवाद है।

स्पष्ट है कि एक 'असीम शक्ति' कवि के 'असीम-अणु' को प्रेरित करती है। असीम सागर को देखकर कवि कैसे अपने को विराट महसूस करता है, इसका सर्वोत्तम रूप 'भीतर जागा दाता' कविता में देखा जा सकता है—

मतियाया
सागर लहराया।
तरंग की पंखयुक्त वीणा पर
पवन ने भर उमंग से गाया।
फेन-झालरदार मखमली चादर पर मचलती
किरण अप्सराएं भारहीन पैरों में थिरकीं—
जल पर आलते की छाप छोड़ पल-पल बदलती।
दूर धुंधला किनारा
झूम-झूम आया। डगमगया किया।
मेरे भीतर जागा
दाता?
बोला :
लो, यह सागर मैंने तुम्हें दिया

कवि को यहां न सिर्फ अपनी विराटता का बोध होता है, बल्कि उसके सर्जनात्मक—ऊर्जा को भी जैसे कल्पना के पंख लग गये हैं—वह उत्साह और उल्लास से भरपूर

है। इस उल्लास में उसने सागर का भी कैसा भव्य-रूप खड़ा किया है—सागर 'मतियाया' है, पवन उसकी 'पंखयुक्त वीणा' पर गा रहे हैं, किरणें उसकी 'फेन झालरदार मखमली चादर पर' भारहीन पैरों से थिरक रही है···और सागर जैसे झूम-झूमकर डगमगाते हुए कवि की ओर बढ़ता है। आगे अपनी इस कविता में अज्ञेय ने कल्पना की कूंची से जैसे पृथ्वी से आसमान तक विविध रंगों में रंग डाला है—इसका नाद-सौन्दर्य भी उदात्त भाव की सृष्टि करता है। कविता के अन्त में उदात्त स्वर में कवि कहता है—

सब तुम्हें दिया।
सब
तुम्हें
दिया।

स्वतंत्र रूप से प्रकृति पर लिखी अज्ञेय की कविताओं में 'भीतर जागा दाता' अपनी कल्पनाशीलता और उदात्त स्वर के कारण विशिष्ट स्थान रखता है। निःसन्देह यह उनकी सर्वोत्तम कविताओं में से एक है।

अज्ञेय ने सागर के माध्यम से अपनी कई कविताओं में विराट बिम्बों की रचना की है। सागर-मुद्रा श्रृंखला की पहली ही कविता में बदलाया हुआ आकाश जैसे भवें कसता हुआ सागर पर झुकता है और उससे ही प्रतिच्छायित सागर सिहर कर, सिमटकर अपनी ही ओर खींच आता है—

आकाश
बदलाया
धूमायित भवें कसता हुआ
झुक आया।
सागर सिहरा
सिमटा
अपनी ही सत्ता के भार से
सत्वमान
प्रतिच्छायित
भीतर को खिंच आया।

यहां बादलों से उमड़ते-घुमड़ते आकाश में भवें कस कर सागर पर झुकने की कल्पना अद्भुत है। साथ ही सागर और आकाश के माध्यम से 'दिगन्त-व्यापी' बिम्ब की सृष्टि की गयी है।

अज्ञेय को सागर के इस विराट् रूप से बार-बार प्रेरणा मिलती है। 'जितना तुम्हारा सच है' कविता में सागर कवि से कहता है—

> कहा सागर ने ? चुप रहो ?
> मैं अपनी अबाधता जैसे सहता हूं, अपनी मर्यादा तुम सहो।
> जिसे बांध तुम नहीं सकते
> उसमें अखिन्न मन बहो।
> मौन भी अभिव्यंजना है : जितना तुम्हारा सच है उतना ही कहो।

सागर के इस अबाध रूप से कवि की प्रेमिका भी प्रभावित है। प्रभावित होना लाजिमी भी है आखिर वह भी तो कवि की प्रेमिका है। वह सागर की लहरों के बीच से बांहें बढ़ाए कवि की ओर दौड़ती है और पुकारते हुए प्रश्न पूछती है—'तुम, सागर क्यों नहीं हो ?' फिर कवि को ललकारते हुए पर अपने में सिमटते हुए सागर के बारे में कहती है—

> देखो न, सागर बड़ा है, चौड़ा है
> जहां तक दीठ जाती है फैला है
> मुझे घेरता है, धरता है, सहता है, धारता है, भरता है,
> लहरों से सहलाता है, दुलराता है, झुमाता है, झुलाता है
> और फिर भी निर्बन्ध मुक्त रखता है, मुक्त करता है—
> मुक्त, मुक्त, मुक्त करता है।

उसके प्रश्न से असमंजस में पड़ा कवि कुछ कहे इसके पहले ही वह 'हंसती हुई मुड़ती हुई दोलती हुई उड़ती हुई' सागर की लहरों के बीच पहुंच गयी।

अज्ञेय ने सागर पर किस तरह से भोर होता है—इसे दिखाने के लिए भी विराट-बिम्ब की रचना की है। जहां असीम सूना सागर है और उसके ऊपर विशाल औंधा खोखल के समान आकाश छाया है—

> बहुत बड़ा है यह सागर सूना
> बहुत बड़ा यह ऊपर छाया औंधा खोखल।
> असमंजस के एक और दिन पर, ओ सूरज,
> क्यों-क्यों-क्यों यह तुम उग आये ?

(सागर पर भोर)

'सागर-चित्र' कविता में अज्ञेय ने सागर के एकांत सूनेपन का प्रभावशाली चित्र खींचा है। सूने उदधि की लहर की धीर भरी गरज जैसे आसपास के वातावरण को बहरा बना देती है, दूर ऊपर क्षितिज का आत्मलीन आलोक धूसर और अन्धा-

सा प्रतीत होता है। चट्टानों पर जल की टकराहट थोथे थप्पड़ के समान पड़ रही है।... दृश्य के इस सूनेपन को आकाश में अर्थहीन-से मंडराते कई क्रौंचों की हकलाहट और हल्के से कराहने की आवाज और भी गहरा कर रही है। 'सागर तट : सन्ध्या तारा' कविता में अज्ञेय ने विदा के क्षण को पकड़ने की कोशिश की है—

मिटता-मिटता भी मिटा नहीं आलोक
झलक-सी छोड़ गया
सागर पर।
वाणी सूनी कह चुकी विदा : आंखों में
दुलराता आलिंगन आया
मौन उतर
एक दीर्घ निःस्वास :
व्योम में सान्ध्य-तारा
उठा सिहर।

यहां शाम के समय सागर तट पर अकेले उगते तारे का बिम्ब और किसी से विदाई की घड़ी का अवसाद-भरा बिम्ब आपस में घुल-मिलकर एक विलक्षण चित्र की रचना करते हैं। इधर दिन का प्रकाश चला गया है, सिर्फ झीना-सा आलोक शेष रह गया है, उधर वाणी से विदा कही जा चुकी है, लेकिन आंखों में दुलराते आलिंगन की आभा बच गयी है। अन्त में, विदा होने के बाद एक दीर्घ-निश्वास छूटता है, उधर आकाश में सन्ध्या-तारा सिहर उठता है।

अज्ञेय के काव्य में सागर बहुत-सी बातों या मान्यताओं का प्रतीक बनकर आया है। यह उनके लिए यदि जीवन का प्रतीक है, तो मृत्यु का भी। 'सागर मुद्रा—12' में उन्होंने लिखा है—

त्रितम सन्निपात की धार पर
तुम्हारी पहचान कौंधती है
और लय हो जाती है
कि तुम प्राण हो
कि तुम अन्न हो
कि तुम मृत्यु हो
कि तुम होते हो तो खो जाते हो, क्योंकि हम खोते हैं, तो होते हैं।

आगे इसी कविता में उन्होंने इस बात पर जोर दिया है कि सागर मृत्यु का प्रतीक है, क्योंकि 'सागर को प्रेम करना मरण की प्रच्छन्न कामना है'? 'सागर

मुद्रा—13' में अज्ञेय ने सागर को 'महाकाल' भी कहा है और 'जीवन' भी, वैसे उन्होंने उसे कई और भी संबोधन दिये हैं—

ओ सागर
ओ मेरी धमनियों के आग
मेरे लहू के स्पन्दित राज-रोग,
सागर
ओ महाकाल
ओ जीवन
दिग्विहीन आगम,
प्रत्यागम निरायाम
द्वारहीन
निर्गमन
सागर, ओ जीवन-लय, ओ स्पन्द !

'सागर-मुद्रा—14' में अज्ञेय ने सागर को एक ओर 'आदिम रस' माना है, दूसरी ओर उसे 'मरने के मरण' और 'मृत्यु के काल' भी कहा है—

ओ सागर, ओ अंकुर के स्फुरण, विकसने के उन्मेष
फूलने के प्रतिफल,
ओ मरने के मरण, मृत्यु के काल,
बीज के बीज,
चयित विकिरण, आंदोलन अचंचल,
सागर—ओ !
ओ सागर, आदिम रस···

इस तरह अज्ञेय के लिए सागर जैसे 'सर्वस्व' है । इसी में जीवन का जन्म होता है, यहीं जीवन का संगम लगता है और इसी में सब कुछ लय हो जाता है । इसीलिए अज्ञेय के सागर में जैसे ब्रह्मा, विष्णु और महेश तीनों की अवधारणा मिल गयी है या यह बहुत-कुछ एकमात्र ब्रह्म के समान है—

सागर, ओ आदिम रस जिसमें समस्त रूपाकार
अपने को रचते हैं,
जिसमें जीवन आकार लेता है, बढ़ता है, बदलता है,
ओ सागर, काल धाराओं के संगम,
काल-वाष्प के उत्स, काल मेघ की लीलाकाश,
काल-विस्फोट की प्रयोग-भूमि,

सागर, ओ जीव द्रव, वज्रवक्ष
ओ शिलित स्राव, ओ मार्दव
आदिम जीवन कर्दम
ओ आलोक—कमल !

किन्तु, यहां समस्त रूपाकार अपने को स्वयं रचते हैं, इसीलिए किसी परा-शक्ति की भूमिका सीमित हो जाती है। इस अर्थ में अज्ञेय का रहस्यवादी दर्शन आधुनिक भी और नया भी है।

'सागर-मुद्रा—10' में अज्ञेय के लिए सागर अविराम आन्दोलन और आस्था का प्रतीक बनकर भी आया है—

हां
लेकिन तुम्हारा अविराम आन्दोलन
शान्ति है, ध्रुव आस्था है
सनातन की ललकार है,

ललकार के ये स्वर 'सागर-मुद्रा—7' में स्पष्ट सुने जा सकते हैं—'वहां एक चट्टान है, सागर उमड़कर उससे टकराता है, पछाड़ खाता है, लौट जाता है फिर नया ज्वार भरता है सागर फिर आता है।' और इस संघर्ष का कोई समाधान नहीं है, कोई अन्त नहीं है—न जीत है न हार है—

केवल परस्परता के तनावों का
एक अविराम व्यापार है
और इसमें
हमें एक भव्यता का बोध है
एक तृप्ति है, अहं की पुष्टि है, विस्तार है :
विराट् सौन्दर्य की पहचान है।

और क्या इस अन्तहीन संग्राम में ही प्रेम की पहचान निहित नहीं है ? या यों कहें कि संघर्ष ही प्रेम है—

और यहां
यह तुम हो
यह मेरी वासना है
आवेग निर्व्यतिरेक
निरन्तराल
खोज का एक अन्तहीन संग्राम ?
यही क्या प्यार है ?

यहां संघर्ष में ही विराट-सौन्दर्य और प्रेम की पहचान—अज्ञेय के सौन्दर्य-बोध के उदात्त स्वरूप को स्पष्ट कर जाता है।

नयी कविता पर अस्तित्ववाद के प्रभाव का आरोप लगाया गया है। आरोप लगाने वालों में डॉ० रामविलास शर्मा अग्रणी हैं। अज्ञेय नयी कविता के पुरोधा माने जाते हैं। लेकिन यह आकस्मिक नहीं है कि अपने लम्बे लेख 'अस्तित्ववाद और नयी कविता' में डॉ० शर्मा ने इस संदर्भ में कहीं भी अज्ञेय पर अस्तित्ववादी चिंतन के प्रभाव का उल्लेख नहीं किया है। उन्होंने अज्ञेय पर नव-रहस्यवाद का आरोप लगाया है, किन्तु अस्तित्ववाद का नहीं। वास्तव में, अज्ञेय पर अस्तित्ववाद का प्रभाव जितना नहीं है, उससे अधिक इस प्रभाव से उबरने और इसके द्वारा उठाये समस्याओं के अपने नए उत्तर खोजने की निरंतर कोशिश है। अस्तित्ववादियों के लिए मृत्यु जीवन को निरर्थक बनाती है, लेकिन अज्ञेय के अनुसार, 'नश्वरता ही जीवन को उसकी अद्वितीयता और रस देती है।' (आत्मनेपद, पृ० 8)।' (अज्ञेय और आधुनिक रचना की समस्या, पृ० 13) कवि इस बात को स्वीकार करने के लिए तैयार नहीं होता कि मानव अस्तित्व 'न कुछ' के बराबर है। वे इसका सामना मानव की सर्जनात्मक क्षमता से करते हैं। इस संदर्भ में डॉ० रामस्वरूप चतुर्वेदी ने ठीक लिखा है, "... मृत्यु के अस्तित्ववादी आतंक और तज्जन्य अनर्थकता से सर्जनशील होकर ही उबरा जा सकता है। अज्ञेय के कृतित्व में यह आधारभूत वस्तु अपने विभिन्न पक्षों और संदर्भों में अंकित हुई है।" (वही, पृ० 22) इसका एक रूप 'मैंने देखा एक बूंद' कविता में देखा जा सकता है—

मैंने देखा
एक बूंद सहसा
उछली सागर के झाग से ?
रंग गयी क्षण-भर
ढलते सूरज की आग से।
मुझको दीख गया !
सूने विराट् के सम्मुख
हर आलोक छुआ अपनापन।
है उन्मोचन
नश्वरता के दाग से।

यहां एक बूंद का सागर से उछलना और सूरज की आग से रंग जाना सर्जना के क्षण का प्रतीक है। इस तरह हर सर्जनात्मक-उन्मेष जीवन को सार्थकता प्रदान करता है और नश्वरता के दाग से मुक्त करता है।

बहुत कुछ यही बात 'बना दे, चितेरे' कविता में अज्ञेय ने दूसरे ढंग से कही

है। कवि चित्रकार से कहता है कि वह उसके लिए एक चित्र बना दे, जिसमें सबसे पहले 'विस्तीर्ण प्रगाढ़ नीला ऊपर हलचल से भरा,' लेकिन 'नीचे अगाध, अथाह, असंख्य दबावों, तनावों, खींचों और मरोड़ों को अपनी द्रव एक-रूपता में समेटे हुए' जीवन के सामन सागर को आंक दे। और फिर आंके 'हवा का एक बुलबुला भर पीने को उछली हुई मछली जिसकी मरोड़ी हुई देह-बल्लरी में उसकी जिजीविषा की उत्कट आतुरता मुखर है'—

उस प्राणों का एक बुलबुला भर पी लेने को—
उस अनन्त नीलिमा पर छाये रहते ही
जिसमें वह जनमी है, जियी है, पली है, जियेगी,
उस दूसरी अनन्त प्रगाढ़ नीलिमा की ओर
विद्युल्लता की कौंध की तरह
अपनी इयत्ता की सारी आकुल तड़प के साथ उछली हुई
एक अकेली मछली।

कवि ऐसे चित्र की मांग इसलिए करता है कि वह स्वयं जिस प्राणों के बुलबुले की ओर उदग्र हुआ है—वह अन्तहीन काल तक उसे खींचता रहे। और कवि की आकांक्षा है कि वह सदा उदग्र ही बना रहे ! इससे पहले कि मृत्यु का सागर उसे न जाने कब सोख ले। स्पष्ट है कि इस कविता में एक बूंद के स्थान पर एक मछली सागर से उछलती है, किन्तु यहां मछली का उछलना जिजीविषा का प्रतीक है। कहने की जरूरत नहीं कि यह जिजीविषा जीवन की नश्वरता और निरर्थकता के विरुद्ध सबसे बड़ी चुनौती है।

'सागर मुद्रा—3' में अज्ञेय ने प्रकृति के उस विराट रूप का चित्रण किया है जिसके गोद में मानव विभिन्न तरह के खेल खेलता है, अपने अद्भुत उद्यम के सहारे तरह-तरह की चीजों का निर्माण करता है—और इस तरह अपनी छाप छोड़कर चला जाता है—

जिसे बार-बार
सागर धोता है
आंधी मांजती है
लहरें लीपती हैं, सूरज सुखाता है,
समीरण संवार कर
कहीं बह जाता है।

जैसे रेत से ही सारी चीजें बनती हैं और रेत में ही मिल जाती हैं। अंत में सिर्फ—

···सागर रह जाता है ।
तरंग अंगुलियों पर गिनता
मानव के अद्‌भुत उद्यम, सनकी सपने,
स्वैराचारिणी चिन्ता ।

कवि इसी प्रक्रिया में मृत्यु का भी साक्षात्कार करता है, क्योंकि यह पहले ही उल्लेख किया जा चुका है कि सागर अज्ञेय के लिए मृत्यु का भी प्रतीक है । 'धार पर संतार दो' कविता में मृत्यु का बोध कवि के मन में भय नहीं उपजाता, बल्कि एक सहज स्वीकार भाव से मृत्यु की कामना है—उसका वरण करने का साहस है । वह कहता है कि उसकी नाव खोल दो और चुपचाप जिधर बहती है बहने दो—

रोको मत
तुम्हीं बयार बन पाल भरो,
तुम्हीं पहुंचे फड़फड़ाओ
लटों में छन अंग-अंग सिहरो,
और तुम्हीं धार पर संतार दो चलो,
मुझे सारा सागर
सहने दो ।

मृत्युरूपी सारा सागर अकेले सहने का यह ओजपूर्ण साहस हिन्दी कविता में विलक्षण है और निःसन्देह कवि अज्ञेय की एक श्रेष्ठ उपलब्धि है ।

मौत का सामना जो व्यक्ति इतने साहस के साथ कर सकता है, उसी में यह सामर्थ्य भी हो सकता है कि जीवन की नश्वरता के विरुद्ध आवाज उठाये । 'कि हम नहीं रहेंगे' कविता में अज्ञेय यह प्रश्न उठाते हैं—

सभी कुछ तो बना है, रहेगा :
एक प्यार ही को क्या
नश्वर हम कहेंगे—
इसलिए कि हम नहीं रहेंगे ?

इस तरह अज्ञेय पहले सर्जनात्मकता, जिजीविषा और अब यहां प्रेम को नश्वरता के विरुद्ध खड़ा कर देते हैं । क्या अब भी यह मानने की गुंजाइश बची हुई है कि जीवन की नश्वरता और निरर्थकता का पलड़ा भारी है ?

सत्य क्या है ? मृत्यु क्या है ? जीवन और मृत्यु के बीच क्या और कैसा संबंध है ? क्या मृत्यु जीवन की अनिवार्यतः विरोधी है और इसी कारण जीवन नश्वर है ? या मृत्यु जीवन का ही अविभाज्य अंग है और इसीलिए जीवन सार्थक है ? इस

तरह के दार्शनिक प्रश्नों से अज्ञेय अपने उत्तरकाव्य में बार-बार जूझते रहते हैं। इन प्रश्नों की परिधि सिर्फ काव्य तक ही सीमित नहीं है, ये अज्ञेय के उत्तर कथा-साहित्य में भी फैले हुए हैं। 'अपने-अपने अजनबी', 'मृत्यु क्या है' के नचिकेता प्रश्न के साथ मुठभेड़ में ही रची गयी है। सागर और नदी पर लिखी बहुत-सी कविताओं में इन्हीं प्रश्नों की बारंबारता देखने को मिलती है। यहां मैं जिन कविताओं का जिक्र करने जा रहा हूं, उनका सम्बन्ध 'सत्य' से है। यहां 'नदी के द्वीप' (उपन्यास) वाले 'तथ्य' और 'सत्य' का कोई रोमांटिक मामला नहीं है, बल्कि उससे कहीं आगे बढ़कर 'होने का सागर' और 'टेर रहा सागर' के बीच संबंधों के पड़ताल की चिरंतन (?) दार्शनिक समस्या है। तात्पर्य यह कि व्यक्ति-सत्य और अखिल ब्रह्मांड के 'अन्तहीन' अपरिमित-सत्य के बीच रिश्ते के पहचान की असंभव-सी कोशिश है। मैं यह बात 'टेर रहा सागर' और 'होने का सागर' शीर्षक कविताओं के संदर्भ में कह रहा हूं।

अज्ञेय के अनुसार कोई भी 'सत्य' सार्वभौमिक, सार्वकालिक या अंतिम-सत्य नहीं होता। अज्ञेय के लिए सत्य वस्तुगत नहीं आत्मगत है। इसलिए सत्य व्यक्ति में निहित होता है, वस्तु में नहीं। वास्तव में, वस्तु का सत्य उसके विषय (सब्जेक्ट) द्वारा ही निर्धारित होता है और सब्जेक्ट के बदलने के साथ ही उस 'वस्तु' का सत्य बदल जा सकता है या बदल जाता है। इसलिए सत्य परिवर्तनशील है। एक व्यक्ति के लिए भी किसी एक ही 'वस्तु' का सत्य भिन्न-भिन्न कालों में भिन्न-भिन्न हो सकता है। अज्ञेय को मनुष्य द्वारा अर्जित अब तक के ज्ञान पर कोई घमंड भी नहीं है, वे इस बात को अच्छी तरह समझते हैं कि यह अर्जित ज्ञान भंडार वास्तव में कितना कम है। अखिल ब्रह्माण्ड का 'अर्थ' समझ लेने की बात तो बहुत दूर है, वह इतना अधिक कम है कि लगता है जैसे मनुष्य ने अपने-आपको ही बहलाने-फुसलाने के लिए इसकी खोज की हो—

सागर जो गाता है
वह अर्थ से परे है—
वह तो अर्थ को टेर रहा है।
हमारा ज्ञान जहां तक जाता है,
जो अर्थ हमें बहलाता (कि सहलाता) है
वह सागर में नहीं,
हमारी मछली में है
जिसे सभी दिशा में
सागर घेर रहा है।

औद्योगिक क्रान्ति के दौर में और उसके ठीक बाद, विज्ञान के विकास के उस

प्रथम चरण में मानव को अपने ज्ञान-विज्ञान पर कुछ ज्यादा ही भरोसा था। उसे लगता था कि बस अब कुछ ही समय की बात है जब विज्ञान इस समूचे ब्रह्माण्ड के सारे रहस्य का पता लगा लेगी, मृत्यु तक को जीत लेगी। अतिरिक्त आत्म-विश्वास का यह दर्प उस काल के दार्शनिकों को और उस युग की काव्यात्मक अभिव्यक्ति पाश्चात्य रोमांटिक-काव्य और भारतीय छायावाद में भी पायी जा सकती है। बाद में विज्ञान के आगे विकास ने ही आधुनिक मनुष्य में यह बोध जगाया कि वास्तव में उसका यह सारा दर्प-भरा विकास इस अखिल ब्रह्माण्ड के रहस्यों के सामने कितना तुच्छ है और इस विराट के समक्ष उसकी स्थिति कितनी 'लघु' है। इस संदर्भ में देखे तो मनुष्य के ज्ञान की खोज और अपने विकास का सारा महान प्रयत्न अपनी लघुता की सीमा-बोध से कितना मार्मिक हो उठता है—

जो है, वह अन्तहीन
घेरे है उसको जिसमें
जो 'होता' है होता है,
जिसमें ज्ञान हमारा
अर्थ टोहता, पाता,
बल खाता टटोलता
बढ़ता है, खोता है।

यहां अर्थ को टोहने, टटोलने और पाकर उसे खो देने की पीड़ा अकथनीय है। ज्ञान-विज्ञान के क्षेत्र में आधुनिक मानव-मन की दशा का इससे अधिक यथार्थपरक विवेचन आधुनिक हिन्दी साहित्य में दुर्लभ है। कोई चाहे तो यहां अज्ञेय पर बौद्ध-दर्शन, उसमें भी विशेष रूप से जेन (Zen) मतवाद का प्रभाव देख सकता है। और यह महज कोई संयोग नहीं है कि ठीक इसी दौर में बहुत से दार्शनिक और फ्रिज्योव कापरा जैसे वैज्ञानिक भी जेन-दर्शन से प्रभावित होते हैं। इस तरह अज्ञेय अपने 'नव-रहस्यवादी' दार्शनिक-चिंतन में अत्यन्त आधुनिक प्रतीत होते हैं। कापरा जैसे वैज्ञानिक अपनी पुस्तक 'Tao of Physics' में आधुनिक भौतिकी के नये अन्वेषणों के तार्किक विश्लेषण के माध्यम से जहां पहुंचते हैं, वहां अज्ञेय अपने 'संवेदनात्मक-ज्ञान' के माध्यम से उसी दिशा में स्वभावत: आगे बढ़ते हैं। उनको तमाम नव-रहस्यवादी कही जानेवाली कविताएं इसी दिशा की खोज और उसकी संभावनाओं की पड़ताल करनेवाली कविताएं हैं। मैं कहना चाहूंगा कि कम-से-कम इन अर्थों में अज्ञेय हिन्दी-साहित्य के पहले ऐसे कवि हैं, जो आधुनिकतावादी भौतिक विकास की सीमाओं की पहचान—उसके प्रतिक्रिया-स्वरूप नये रास्ते की खोज करते हैं, उसकी संभावनाओं का पता लगाते हैं। यह

रास्ता सही है नहीं—यह एक अलग प्रश्न है, और अलग से एक लम्बी बहस की मांग करती है ।

अज्ञेय की नव-रहस्यवादी और विशेष रूप से सागर से सम्बन्धित कविताओं में, उनके आत्मदान की या अहं के विसर्जन की प्रबल कामना देखने को मिलती है। सागर अज्ञेय के लिए अखिल ब्रह्माण्ड का प्रतीक है—"जिसमें समस्त रूपाकार अपने को रचते हैं। जिसमें जीवन आकार लेता है, बढ़ता है, बदलता है।" अधिक स्पष्ट ढंग से अज्ञेय के ही शब्दों में कहना चाहें तो 'मानवेतर ही प्रकृति है', और इसी प्रकृति का प्रतीक सागर है। समस्त प्रकृति से अपने अलग अस्तित्व के बोध के ही कारण मानव में अहं की उत्पत्ति होती है। इसलिए अहं से संपूर्ण मुक्ति तभी सम्भव है, जब मनुष्य की अपने 'अस्तित्व की चेतना' ही समाप्त हो जाय और वह फिर से समस्त प्रकृति के साथ एक-लय हो जाये। अज्ञेय की सागर से सम्बन्धित कविताओं में यह 'सागर' के साथ 'एक-लय' हो जाने का प्रयास बारंबार दिखलाई पड़ता है। कभी-कभी ऐसा लगता है कि कवि को कुछ सफलता भी मिल रही है। उसकी सर्वाधिक सफलता का सर्वोत्तम रूप 'सागर-मुद्रा—5' की इन पंक्तियों में देखा जा सकता है—

सब कुछ हम में खो गया,
हम भी
हम में खो गये
सागर
कुहरा
हम
कुहरा
सागर
शं···

इस कविता के आरम्भ में कुहरा उमड़ता है और 'हम' उसमें खो जाता है—उधर सागर गरजता रहता है। फिर 'हम' उमड़कर आता है—सागर अनसुना बरजता रहता है, लेकिन 'कुहरा' 'हम' में खो जाता है। आगे जाकर 'सब कुछ हम में खो गया'—सागर, कुहरा, हम—इन तीनों की यह तादात्मय अवस्था कविता के अंत में जाकर जैसे बिल्कुल एक-लयता की स्थिति में पहुंच जाती है, जिसकी सूचना कोई शब्द नहीं, कोई वाक्य नहीं, बल्कि निरन्तर बजते हुए सितार की चुप हो जाने से पूर्व की एक ध्वनि 'शं···' देती है—जैसे इसके बाद किसी भाषा की जरूरत भी शेष नहीं रह जाती, बचा रह जाता है सिर्फ एक ध्वनि-आलोक··· वह भी अंतहीन ।

किन्तु, सागर-मुद्रा शृंखला की ही 8वीं कविता ठीक इसके उल्टे एक दूसरी ही बात कहती नजर आती है—

यों मत छोड़ दो मुझे, सागर,
कहीं मुझे तोड़ दो सागर,
कहीं मुझे तोड़ दो !
मेरी दीठ को और मेरे हिये को
मेरी वासना को और मेरे मन को,
मेरे कर्म को और मेरे मर्म को,
मेरे चाहे को और मेरे जिये को
मुझको और मुझको और मुझको
कहीं मुझसे जोड़ दो !
यों मत छोड़ दो मुझे, सागर,
यों मत छोड़ दो ।

कवि की आत्मकरुणा से भरी यह दीन प्रार्थना इस बात को बिल्कुल स्पष्ट कर जाती है कि 'सागर-मुद्रा—5' शीर्षक कविता में प्राप्त एक-लयता की वह दुर्लभ मनःस्थिति क्षणिक थी। वास्तविकता का करुणा-यथार्थ तो 'सागर-मुद्रा—8' में व्यंजित है। कवि अपने लाख प्रयास के बावजूद 'सागर' से एकाकार नहीं हो पाता। वह निपट अकेला तट पर खड़ा रहता है और उधर 'सागर' निर्लिप्त भाव से अपनी क्रीड़ा में मस्त रहता है। तो क्या कवि अज्ञेय का अपने आत्मदान का भगीरथ प्रयत्न व्यर्थ गया ? क्या इसके साथ ही 'अकेलेपन' (Alienation) जैसी आधुनिकतावादी विकास की समस्याओं से मुक्ति के लिए नव-रहस्यवादी रास्ते की खोज की संभावनाएं चुक गयीं। 'सागर-मुद्रा—5' जैसी कविताएं तो कुछ यही कहती जान पड़ती हैं। स्वयं अज्ञेय के काव्य-विकास के अंतिम दौर में, 'आंगन के पार द्वार' के बाद के काव्य-संग्रहों में नव-रहस्यवाद के स्थान पर प्रेम कविताओं की फिर से वापसी क्या इसी बात को पुष्ट नहीं करती ? जैसे रहस्यवाद का रास्ता आगे बन्द देखकर कवि पराजित-भाव से 'हाड़-मांस से प्रेम' के उसी पुराने त्यक्त संसार में लौटने को बाध्य हो गया हो। किन्तु, काल का चक्र तो पीछे घूम नहीं सकता—ठीक उसी पुरानी स्थिति में लौट सकना तो अब असंभव है। इसलिए अज्ञेय लौटते तो हैं, लेकिन वह दुनिया अब वीरान हो चली है। वहां अब पुराने प्रेम की सिर्फ यादें हैं—वह भी लगातार फीकी और बेरंग होती यादें हैं—अज्ञेय के अंतिम दौर की रचनाओं में उदासी, निपट अकेलापन और पराजित-मन की जो विरक्त-व्यथा फैली हुई है, उसकी कुंजी कहीं यहीं तो नहीं है ? अज्ञेय के नव-रहस्यवादी काव्य के संदर्भ में उभरते ये प्रश्न महत्त्वपूर्ण हैं, और इसीलिए अज्ञेय की इन

कविताओं के गहन विश्लेषण की मांग करते हैं। यहां इसका अवकाश नहीं, इसके लिए एक दूसरी पुस्तक के लिखे जाने की आवश्यकता है।

पहाड़ : सागर-सेवित, मेघ-मेखलित

पार्श्व गिरि का नम्न, चीड़ों में
डगर चढ़ती उमंगों-सी।
बिछी पैरों में नदी ज्यों दर्द की रेखा।
विहग-शिशु मौन नीड़ों में।
मैंने आंख भर देखा।

दिया मन को दिलासा—पुनः आऊंगा।
(भले ही बरस-दिन—अनगिन युगों के बाद ?)
क्षितिज ने पलक-सी खोली,
तमक कर दामिनी बोली—
'अरे यायावर ? रहेगा याद ?' (दूर्वांचल)

यह छोटी-सी किन्तु प्रभावशाली कविता कई बातों को स्पष्ट करती है। पहली तो यह कि अज्ञेय की गतिशील बिम्ब-निर्माण की क्षमता विलक्षण है। पहाड़ी रास्ते के सौन्दर्य को पकड़ने के लिए 'डगर चढ़ती उमंगों-सी' का प्रयोग और कविता के अंत में जब क्षितिज पर बिजली चमकती है तो लगता है जैसे क्षितिज ने अपनी पलकें खोलीं और पलक खोलकर कुछ कहा—ये दोनों ही बिम्ब पहली बात के प्रमाण हैं। दूसरे, क्षितिज पलकें खोलकर जो कुछ कहता है, उससे पर्वतीय प्रदेश के प्रति कवि के अपने प्रगाढ़ प्रेम का परिचय मिलता है। स्वयं इस कविता में पर्वतीय प्रदेश के सौन्दर्य का जो घना चित्र खींचा गया है वह भी इसी बात की पुष्टि करता है। और अज्ञेय 'अनगिन युगों के बाद' नहीं बार-बार पहाड़ी प्रदेश की यात्रा करते हैं—यह बात उनकी कविताओं और यात्रा-वृत्तान्तों से साफ पता चलती है।

पर्वतीय प्रदेश से अज्ञेय के इस लगाव की झलक उनकी आरंभिक कविताओं से ही मिलने लगती है। 'गोप-गीत' कविता में उन्होंने लिखा है—

नीला नभ, छितराये बादल, दूर कहीं निर्झर का मर्मर
चीड़ों की उर्ध्वंग भुजाएं भटका-सा पड़कुलिया का स्वर,
संगी एक पार्वती बाला, आगे पर्वत की पगडंडी :
इस अबाध में मैं होऊं बस चढ़ते ही जाने का बन्दी।

प्रकृति के इस अबाध और उन्मुक्त क्षेत्र में आकर कवि भी अपने को अकुंठ और स्वतंत्र महसूस करता है। आवश्यक सामाजिक दबाव और व्यर्थ की नैतिक मान्यताएं यहां नहीं हैं, जिससे किसी व्यक्ति के व्यक्तित्व के विकास में बाधा उपस्थित होती है। इसलिए कवि को यहां आकर निरन्तर प्रगति की प्रेरणा मिलती है।

इसी प्रेरणा से प्रेरित होकर जब अज्ञेय फिर से पहाड़ी यात्रा पर निकलते हैं तो 'गोप-गीत' का यही दृश्य कितने सुन्दर विराट-चित्र में बदल जाता है—

मेरे घोड़े की टाप
चौखटा जड़ती जाती हैं
आगे के नदी-व्योम, घाटी पर्वत के आस-पास
मैं एक चित्र में
लिखा गया-सा आगे बढ़ता जाता हूं।

(पहाड़ी यात्रा)

इन दोनों कविताओं ('गोप-गीत' और 'पहाड़ी यात्रा') की तुलना करते हुए डॉ० रामस्वरूप चतुर्वेदी ने लिखा है—"प्राकृतिक दृश्य का चित्रांकन और उसमें बन्दी हो जाने का भाव दोनों कविताओं में एक जैसा है, पर चित्र में चौखटा जड़े जाने के बिम्ब ने 'पहाड़ी-यात्रा' में एक विशेष प्रकार की अर्थवत्ता दी है, जिसकी गूंज-अनुगूंज पाठक के मन में चलती रहती है, जब कि 'गोप-गीत' का सीधा-वर्णन अपना तत्काल प्रभाव डालकर समाप्त हो जाता है, संवेदनात्मक क्रिया-प्रतिक्रिया का विकसनशील रूप उसके आस्वादन में संभव नहीं।" (अज्ञेय और आधुनिक रचना की समस्या, पृ० 24-25)।

इस तुलना के द्वारा डॉ० चतुर्वेदी अज्ञेय के उत्तर-काव्य के संदर्भ में बिम्ब-विधान की एक महत्त्वपूर्ण विशेषता का उल्लेख करते हैं—"अज्ञेय के बिम्ब-विधान की एक बड़ी विशेषता यह है कि उनकी कविताओं में वर्ण्य-स्थिति और उनके बिम्ब अनायास एक-दूसरे पर आरोपित होकर एक संपृक्त रूप उपस्थित करते हैं। यह एक प्रकार से बिम्ब का सफलतम प्रयोग है, जहां वह कविता-भाषा के सामान्य अंग के रूप में पर्यवसित हो जाता है।"(पृ० 24) जहां तक उत्तर अज्ञेय के बिम्ब-विधान की विशेषता को पकड़ने की बात है वहां तक चतुर्वेदीजी बहुत सही हैं। किन्तु, इस प्रकार का बिम्ब-प्रयोग हमेशा सफलता की ही निशानी हो कोई जरूरी नहीं, इस बात का निर्णय किसी कवि या कविता के खास सन्दर्भ में ही लिया जा सकता है। स्वयं अज्ञेय के सम्बन्ध में यह सफलता का प्रतीक है या असफलता का इस बात की चर्चा हम अंतिम अध्याय में करेंगे। वैसे, कम-से-कम इस पहाड़ी यात्रा कविता के संदर्भ में इस तरह के बिम्ब का उपयोग

निःसंदेह सार्थक है।

अज्ञेय का पर्वतीय-प्रदेश से गहरा परिचय और जुड़ाव है। वे अक्सर पहाड़ की यात्रा पर निकल पड़ते थे। उन्होंने घंटों अकेले बैठकर इसके सौन्दर्य का अवलोकन किया है। यह बात उनकी रोमांटिक-वृत्ति का पता देती है। इन कारणों से उनकी कविताओं में पर्वतीय-प्रदेश की सूक्ष्म-से-सूक्ष्म विशेषताएं भी उद्घाटित हो उठी हैं। 'पगडंडी' कविता में पहाड़ी पगडंडी के अपने विशेष सौंदर्य को देखा जा सकता है—

यह पगडंडी
चली लचीली
इधर-उधर, अटपटी चाल से नीचे को, पर
वहां पहुंचकर घाटी में—खिलखिला उठी।
कुसमित उपत्यका।

पर्वतीय-प्रदेश की पगडंडी अत्यन्त टेढ़ी मेढ़ी और ऊपर-नीचे होते हुए आगे बढ़ती है, इस खास बात को यहां 'अटपटी चाल' के माध्यम से पकड़ा गया है। यह पतली और संकरी पगडंडी एकाएक जब घाटी के फैलाव में पहुंचती है तो लगता है जैसे वह पूरे जोर से खिलखिला उठी हो—इस बात को और भी व्यंजित कर जाती है कविता की अंतिम पंक्ति—'कुसमित उपत्यका'।

अज्ञेय का यह सूक्ष्म-निरीक्षण 'चक्रान्त-शिला—7' कविता से भी स्पष्ट होती है। पर्वतीय प्रदेश में हवा कभी-कभी किस विशिष्ट ढंग से बहती है, इसका अनूठा सौन्दर्य आप यहां देख सकते हैं। हवा कहीं से उठकर बहती है और जैसे ऊपर ही ऊपर चली जाती है। किनारे के क्षुप नहीं चौंकते, पथ सोया ही रहता है, न डाल कांपती है न पत्ती। पत्ती से लगी ओस की बूंद भी नहीं ढरकती, सिर्फ—

वन-खण्डी में सधे खड़े पर
अपनी ऊंचाई में खोये से
चीड़
जाग कर सिहर उठे
सनसना गये।
एक स्वर नाम वही अनजाना
साथ हवा के
गा गये।

और जो चीड़ गाता है, उसे ही आगे देवदारू भी दुहरा देता है और जब हवा

लगभग बिल्कुल शांत हो, तो भी उसकी हल्की-से-हल्की सिहरन का असर और कहीं हो न हो, लेकिन दीपक की लौ पर जरूर होती है। इस स्थिति का एक सुन्दर-सा बिम्ब 'कांपती है' कविता में देखिए—

पहाड़ नहीं कांपता,
न पेड़, न तराई;
कांपती है ढाल पर के घर से
नीचे झील पर झरी
दीये की लौ की
नन्हीं परछाईं।

इन पहाड़ों की तलहटी में कवि ने अपनी प्रेमिका के साथ प्रेम के विभोर क्षण भी गुजारे हैं। अज्ञेय के उत्तर काव्य में प्रेम की अत्यन्त तन्मय स्थितियां सिर्फ स्मृति के रूप में आ पायी है, जिनकी अक्सर गीत्यात्मक अभिव्यक्ति हुई है। मलयज ने ठीक लिखा है, "बाद के संग्रहों में भी वे ही प्रेम कविताएं मर्मस्पर्शी बन पड़ी हैं जो गीतात्मक अनुभूतियों पर निर्भर हैं।" ('तीसरे अज्ञेय की तलाश', कविता से साक्षात्कार, पृ० 36) उत्तर अज्ञेय की इन रचनाओं में 'हेमन्त का गीत' निश्चय ही सर्वश्रेष्ठ है। पहाड़ों की इस तलहटी से अज्ञेय की यादें कितनी गहरी जुड़ी हैं, इसका एक रूप 'हेमन्त का गीत' में देखा जा सकता है—

हिम-शिखर की तलहटी में
निर्जन-झुरमुट,
बीच में तिरछी किरणों-बुना आसन :
आस-पास सांस रोके-सा झुरमुट।
एक लय है ऊपर, पत्तियों के मर्मर की,
एक लय भीतर, घनी तीव्रतर सांसों की—
कैसा है यह संगीत जो पहले कभी सुना नहीं !
सुनो ! नहीं अभी नहीं—सुना तो
सब दूसरा हो जायेगा !

कवि की अनुभूति की तीव्रता से जुड़कर यहां 'झुरमुट के बीच में तिरछी किरणों बुना आसन' आसपास का 'सांस रोके-सा' झुटपुटा भी कितना संवेदनक्षम और सुन्दर हो गया है। यह लंबी कविता अज्ञेय की संवेदना की आंच में तपकर निखर उठी है—

पड़ाव : थके पैर : क्या भूख ? नहीं। शीत ? नहीं।
तो कुछ तो कहो ? कुछ नहीं, आंखों की दीठ मुझे घेरे रहे,

कुछ और नहीं चाहिए—उसी में गरिमाई है,
तृप्ति है, सहलाहट है, उनींदा है जो नींद से भी मीठा है···
दूर-दूर, छुईमुई से, पर कितने तुम मेरे रहे···

कविता की यह थिरायी हुई लय जब वेगवान होती है तो दो मानवों की उपस्थिति से, घनी और तीव्रतर सांसों से कैसी झंकृत हो उठती है—

भोर तक
जिसे छूने बढ़ी मेरी उंगलियां तो सकुचीं
फिर रोमावली के साथ बह आयीं
भुजा से तुम्हारी उंगलियों के छोर तक
फिर गूंथे हाथ
और गूंजा संगीत वही
फिर एक बार—
दुर्निवार······

और अंत तक आते-जाते कविता कितनी मर्मस्पर्शी बन जाती है—

काली पड़ गई आग। धुंधली पड़ गयी साख
उसकी और हमारी !
थक जाती है याद भी ढोते, उड़ाते, परत-पर-परत राख
जब तक कि मिले कहीं सुलगती चिनगारी,

इसके साथ ही पहाड़ी की तलहटी कितनी करुण और वीरान हो उठती है—

झील की कोख से उमड़कर फैल जाता है कुहरा
मनहूस, बांझ सन्नाटा होता जाता है और और गहरा!
सूख चुकी घासें, नुच चुके पेड़-पात,
नंगी होकर चट्टानें भी धुंध में दुबक गयीं।
और अब कहां है प्रकाश या आकाश ?
वही मनहूसियत उस पर भी पुत गयी।
रात, रात, रात, रात,
ठिठुरन-संवत्सर के मरने की कालिमा
सब कुछ ढक गयी······

अज्ञेय की एक आरंभिक कविता 'अन्तिम आलोक' में भी ढलते सूरज की किरणें जब गिरि-शिखरों के उर में छिपे हुए रहस्य को टटोल रही थीं तो सिर्फ एक श्रृंग पर हिम झलमला रहा था। इसे देखकर कवि को एक और ही करुण

दृश्य की याद आ जाती है—

> तेरी उस अन्त घड़ी में तेरी आंखों में जीवन ?
> ऐसे ही चमक उठा था तेरा अन्तिम आंसू-कन ?

इस तरह ढलते सूरज का अन्तिम आलोक कवि की प्रेमिका के जीवन का भी अन्तिम आलोक बन जाता है ।

'औद्योगिक बस्ती' कविता में पर्वतीय-प्रदेश में औद्योगिक सभ्यता के प्रसार का एक दृश्य देखा जा सकता है । औद्योगिक सभ्यता के इस प्रसार ने पहाड़ियों से घिरी घाटी का सौन्दर्य कैसे पूरी तरह बदल दिया है—

> पहाड़ियों से घिरी हुई इस छोटी-सी घाटी में
> ये मुंहझौंसी चिमनियां बराबर
> धुआं उगलती जाती हैं ।

धुआं उगलती चिमनियों के लिए 'मुंहझौंसी' विशेषण का प्रयोग जैसे मशीन को भी मानवीय टच देता है और उनके प्रति आत्मीयता का भाव भी जगाता है । इसी तरह घाटी में चलती रेल के लिए भी जिस उपमा का प्रयोग किया गया है वह विलक्षण है—

> बंधी लीक पर रेलें लादे माल
> चिहुंकती और रंभाती अफराये डांगर-सी
> ठिलती चलती जाती हैं ।

इस तरह अज्ञेय ने यहां चिमनियों और रेल को भी प्राणवान बनाकर एक लोक-संदर्भ प्रदान किया है, जिसके कारण वे जीवन्त हो उठी हैं और पाठक इनके प्रति एक खास तरह का रागात्मक जुड़ाव महसूस करता है । कहने की जरूरत नहीं कि आधुनिक कवि का एक महत्त्वपूर्ण काम यह भी है कि वह अपने आसपास के परिवेश के प्रति पाठकों में एक लगाव उत्पन्न करे—उसके प्रति आत्मीयता का भाव जगाये । निःसन्देह अज्ञेय की यह कविता इस काम में यहां बहुत सफल है ।

इन सबके साथ इस कविता में श्रमिकों के प्रति भी कवि की गहरी सहानुभूति अभिव्यक्त हुई है । उनकी ट्रेजडी यहां कितने गहरे स्तर पर उद्घाटित हुई है—

> उद्यम की कड़ी-कड़ी में बंधते जाते मुक्तिकाम
> मानव की आशाएं ही पल-पल
> उसको छलती जाती हैं ।

श्रमिक यह समझता है कि कड़ी मेहनत से उसकी आशाए और सपने पूरे होंगे,

लेकिन यह उद्यम ही जैसे धीरे-धीरे उसकी आशाओं को छल से झूठा करता जाता है। अज्ञेय की बहुप्रचारित कुछेक प्रगतिशील कविताओं से यह कविता अधिक प्रगतिशील और सार्थक है।

कुछ खास कारणों से अज्ञेय की 'नन्दा देवी' शृंखला की कविताएं बेहद महत्त्वपूर्ण हैं। ये कविताएं उन्होंने अपने कवि-कर्म के लगभग अन्तिम दौर में सितम्बर 1972 से नवम्बर 1972 के बीच लिखी हैं। इसके पूर्व तक पाठक सिर्फ कवि के प्रकृति से आत्यंतिक लगाव और इस लगाव के फलस्वरूप उसके द्वारा उद्घाटित किये हुए प्रकृति के नानाविध रूपों और मोहक सौंदर्य से ही परिचित हो पाता है। किन्तु, आधुनिक-युग का एक बड़ा ही कड़वा सच यह है कि औद्योगिक सभ्यता के प्रसार के साथ प्रकृति का यह नैसर्गिक संसार नष्ट होता जा रहा है। प्रकृति के साथ मनुष्य का सम्बन्ध और सामंजस्य टूटता जा रहा है। टूटने की यही पीड़ा 'नन्दा देवी' की कविताओं में अभिव्यक्त हुई है। पहली ही कविता में कवि नन्दा देवी को सम्बोधित करते हुए कहता है कि नन्दा, तुम वहां ऊपर हो और तुम्हारे नीचे बिखरे रेवड़ को गड़रिया बांसुरी की तान-दुलार से बुला रहा है। जबकि इसके नीचे एक दूसरा ही दृश्य है—

> और भी नीचे
> कट गिरे वन की चिरी पट्टियों के बीच से
> नये ध्वनि-यंत्र की
> भट्टी से उठे धुएं का फंदा।
> नदी की घेरती-सी वत्सल कुहनी के मोड़ में
> सिहरते-लहरते शिशु धान।
> चलता ही जाता है यह
> अन्तहीन, अनसुलझ
> गोरखधन्धा ?
> दूर, ऊपर तुम, नन्दा !

एक ओर यदि बिखरे रेवड़ को दुलार से टेरती गड़रिये के बांसुरी की तान है तो दूसरी ओर से भट्टी से उठे धुएं का फंदा है, जिससे नदी की वत्सल बांह में घिरे शिशु-धान डर से सिहर रहे हैं। ये दोनों विरोधी बिम्ब एक-दूसरे के सामने खड़े होकर यहां एक 'अन्तहीन, अनसुलझ' ट्रेजिक दृश्य का रचना करते हैं। पूरी कविता की लय में एक पीड़ा बसी हुई है, जो इस ट्रेजडी को और भी गहरा करती है।

वैसे, इस पीड़ा का कारण इस शृंखला की दूसरी कविता में अधिक स्पष्ट होकर सामने आता है। दूर शहर में सरकार कल की समृद्धि की बड़ी-बड़ी योजना

बनाती है। जबकि यहां पर्वतीय-प्रदेश में भूख और बेबसी की मार है। सरकार कहती है कि ठेकेदारों को पेड़ काट ले जाने दो, बदले में वह सुनहरे भविष्य के सपने दिखलाती है—सिर्फ सपने। जबकि यहां हम प्रकृति की नैसर्गिक संपदा खोते जा रहे हैं—

जहां तक दीठ जाती है
फैली हैं नंगी तलैटियां—
एक-एक कर सूख गये हैं
नाले, नीले और सोते।
कुछ भूख, कुछ अजान, कुछ लोभ में
अपनी सम्पदा हम रहे हैं खोते।
जिन्दगी में जो रहा नहीं
याद उसकी
बिसूरते लोक-गीतों में
कहां तक रहेंगे संजोते ?

आखिर आदमी की किसी चीज को याद रखने की भी एक सीमा होती है। और जब यह सीमा चुक जायेगी तब क्या होगा···। तब तो लोक-गीतों में भी प्रकृति के इस सुन्दर संसार की स्मृति शायद नहीं बचेगी···। कितना गहरा उठती है यहां ट्रेजडी।

अज्ञेय ने इस ट्रेजडी को जिस वातावरण या परिवेश में उभारा है, वह भी कुछ कम महत्त्वपूर्ण नहीं है। उनकी पूर्ववर्ती कविताओं को छोड़ भी दें तो इसी 'नन्दा देवी' श्रृंखला की कई कविताओं में उन्होंने पर्वतीय-प्रकृति और वहां के नैसर्गिक लोक-जीवन के कुछ अत्यन्त ही अद्‌भुत मांसल चित्र खींचे हैं। कविता संख्या 8 में बादलों की ओट से निकलते नन्दा के शनैः-शनैः निखरते रूप का चित्रण है—

यह भी तो एक मुख है
(अपने ढंग का क्रियाशील)
कि चुप निहारा करूं
तुम्हें
धीरे-धीरे खुलते !
तुम्हारी भुजा को बादलों के उबटन से
तुम्हारे बदन को हिम-नवनीत से

तुम्हारे विशद वक्ष को
धूप की धाराओं से धुलते !

नन्दा के इस मोहक सौन्दर्य के प्रति कवि का यह कैसा अद्‌भुत सैन्सुअल लगाव है, जो सब कुछ को बांहों में समेटने के प्रयास में स्वयं अपने को दे देता है—

सुखों को
निसर्ग के अगोचर प्रसादों को
गहरे आनन्दों को
अपनाता हूं
पर सब कुछ को बांहों में
समेटने के प्रयास में
स्वयं दे दिया जाता हूं ।

कविता सख्या 7 में पहाड़ी जीवन के निःसर्ग सौन्दर्य का वर्णन है । घास के गठ्ठे लादे वन-कन्याएं पैर साध मेड़ों पर जा रही हैं, सेब तुड़ चुके हैं, धान की फसल कट चुकी है और गड़रिये की तानों में 'आस की गमक' है। इन सबसे साथ-साथ—

लौटती हुई बकरियां
मढ़ जाती हैं
कतकी धूप के ढलते सोने में ।
एक सुख है सब बांटने में
एक सुख सब जुगोने में,
जहां दोनों एक हो जायें
एक सुख है वहां होने में
चला चल डगर पर
नन्दा को निहारते ।

कहां यह नन्दा को निहारने का अनिवर्चनीय सुख और कहां औद्योगिक सभ्यता के विकास से उत्पन्न वह ट्रेजडी । दोनों तरह की कविताएं एक ही जगह संयोजित होने के कारण, वे जैसे एक-दूसरे के खिलाफ 'क्रॉस-रेफ्रेंस' बन जाती हैं । प्रकृति का साथ 'होने' के सुख का यह चित्रण बार-बार यह अहसास दिलाता है कि मनुष्य इन सबको सदा के लिए 'खोने' जा रहा है। यह अहसास बार-बार ट्रेजडी को झंकृत कर जाता है । जैसे कवि 'नन्दा देवी' और उसके पर्वतीय अंचल को निहारने के इस सुख का चित्रण करने के साथ ही इसके ट्रेजिक भविष्य का भी निर्मम

उल्लेख करता है—

नन्दा,
बीस-तीस-पचास वर्षों में
तुम्हारी वन-राजियों को लुगदी बनाकर
हम उस पर
अखबार छाप चुके होंगे
तुम्हारे सन्नाटे को चींथ रहे होंगे
हमारे धुंधुआते शक्तिमान ट्रक
तुम्हारे झरने-सोते सूख चुके होंगे
और तुम्हारी नदियां
ला सकेंगी केवल शस्य-भक्षी बाढ़ें
या आंतों को उमेठनेवाली बीमारियां
तुम्हारा आकाश हो चुका होगा
हमारे अतिस्वन विमानों के
धूम-सूत्रों का गुंझर।
नन्दा,
जल्द ही—
बीस-तीस-पचास बरसों में
हम तुम्हारे नीचे तक मरु बिछा चुके होंगे
और तुम्हारे उस नदी-धौत सीढ़ी वाले मन्दिर में
जला करेगा
एक मरु दीप ?

डर इस बात का है कि यदि इस दुनिया का वातावरण इसी तरह प्रदूषित होता रहा और मानव का प्रकृति के साथ सामंजस्य पूरी तरह टूट गया तो यह 'मरु-दीप' मानव-सभ्यता का भी मरु-दीप बन जायेगा। इसलिए, सचेत और संवेदनशील लोगों द्वारा इस खतरनाक भविष्य से बचने की कोशिश जारी है। यह प्रयास अब पूरे यूरोप में आंदोलन का रूप ले चुका है, जो इनवैरामेंटलिस्ट मूवमेन्ट के रूप में जाना जाता है। पिछले दशक में इसने नयी शक्ति और ऊर्जा ग्रहण की है। आजकल इस आंदोलन की अनुगूंज भारत में भी सुनायी पड़ने लगी है—टेहरी बचाओ, सुवर्ण रेखा बचाओ अभियान के रूप में। संघर्ष के इस मोर्चे पर अज्ञेय की अपनी स्थिति क्या है—यह कहने की जरूरत नहीं है। अगर कुछ कहना ही हो तो उनकी ही एक कविता 'दुस्साहसी हेमन्ती फूल' का स्मरण काफी होगा—

लोहे
और कंकरीट के जाल के बीच
पत्तियां रंग बदल रही हैं।
एक
दु:साहसी हेमन्ती
फूल खिला हुआ है।
मेरा युद्ध
प्रकृति की सृष्टियों से नहीं
मानव की
अपसृष्टियों से है।
शैतान
केवल शैतान से लड़ सकता है।
हम अपने अस्त्र चुन सकते हैं : अपना
शत्रु नहीं। वह हमें
चुना-चुनाया मिलता है।

ऋतुएं : कितने रूप कितने रंग

अज्ञेय ऋतुओं के प्रति बहुत-ही संवेदनशील हैं। उन्होंने यहां की छहों ऋतुओं पर कविताएं लिखी हैं। ऋतुओं के प्रति अज्ञेय की यह संवेदनशीलता अपने प्राकृतिक-परिवेश और परिस्थितियों के प्रति उनके लगाव या प्रेम को दर्शाती है। निश्चय ही उनके द्वारा चित्रित इन ऋतुओं का रूप-रंग और तेवर भारतीय है और कवि को विदेश में अपने लम्बे प्रवास के समय इसी भारतीय ऋतु की याद आती है—

सोचता हूं, कैसा हो
अगर इस सहलाती अजनबी
वसन्त बयार के बदले
वही अपना झुलसाता अंधड़ फिर
अंग-अंग को मरोड़े
यह दुलराती फुहार नहीं
वह मौसमी थपेड़ा दुर्निवार
देह को झंझोडे,
ये नपी-तुली रोजमर्रा
सहूलतें न भी मिलें,
आये दिन संकट मंडराये
फिर मिले कि न मिले,
पर भोर हो, सूरज निकले, तो ऐसे
जैसे अंकुर बियावान की
बंझर बियावान
पपड़ायी मिट्टी की
नया अंकुर फोड़े ! (घर छोड़े)

इस तरह कवि को यहां विदेश की दुलराती-सहलाती वसन्ती बयार के बदले अपने देश का वह परिचित-अंधड़ अधिक प्रीतिकर लगता है। अपने इस गहरे परिचय से

उत्पन्न प्रेम के कारण ही अज्ञेय के लिए यह संभव हो सका कि वे भारत की छहों ऋतुओं के सौंदर्य को पूरी बारीकी-से उद्‌घाटित कर सके।

वसन्त : ऋतुराज आया जीवन जागा

वसन्त साल का पहला ऋतु है। अज्ञेय को वसन्त बहुत प्रिय है। उन्होंने सर्वाधिक कविताएं इसी ऋतु पर लिखी हैं। खासकर अज्ञेय के पूर्व-काव्य में विविध रंगों से भरा वसन्त का सौन्दर्य अद्‌भुत है। वसन्त का आगमन जैसे जीवन के जागने का प्रतीक है। 'वसन्त-गीत' कविता में जागो, जागो, जागो की टेक पर पूरी प्रकृति उसके स्वागत में उल्लास से उठकर खड़ी हो जाती है—

> मलय का झोंका बुला गया :
> खेलते ही स्पर्श से वो रोम-रोम को कंपा गया—
> जागो, जागो, जागो सखि, वसन्त आ गया ! जागो !
> पीपल की सूखी डाल स्निग्ध हो चली,
> सिरिस ने रेशम से वेणी बांध ली,
> नीम के भी बौर में मिठास देख हँस उठी है कंचनार की कली
> टेसुओं की आरती सजा के बन गयी वधू वन-स्थली !
> स्नेह भरे बादलों से व्योम छा गया—
> जागो, जागो, जागो सखि वसन्त आ गया ! जागो।

यहां शिरीष का रेशम से वेणी बांधना, नीम के बौर को देखकर कचनार की कली का हँसना, टेसुओं की आरती सजाकर पूरी वनस्थली का वधू-रूप धारण करना—सब कुछ मिलकर उल्लास भरे एक विलक्षण दृश्य की सृष्टि करते हैं। उल्लास का यही स्वर 'ऋतुराज' कविता में भी सुना जा सकता है—

> शिशिर ने पहन लिया वसन्त का दुकूल,
> गंधवह उड़ रहा पराग-धूल झूल,
> कांटों का किरीट धारे बने देवदूत।
> पीत-वसन दमक उठे तिरस्कृत बबूल।
> अरे, ऋतुराज आ गया।

ऋतुराज के आने पर पूरी प्रकृति में 'प्यार' और 'नये दुलार' की अथक भूख जग पड़ती है। यह उस 'जीवन-प्रवाह' की निशानी है, जो वसन्त के मौसम में 'अनाहूत' बहता रहता है।

अज्ञेय की वसन्त से संबंधित कविताओं में कुछ फूल बार-बार आते हैं, जैसे कचनार, बबूल, पलास और शिरीष। 'आशी : (वसन्त के एक दिन)' कविता में

इन चार में प्रथम तीन फूलों को संबोधित करते हुए इन पर अलग से एक-एक बन्द की रचना की गयी है। इन तीनों का अलग-अलग मोहक रूप, और इनके कारण स्वयं वसन्त ऋतु का सौन्दर्य कितना बढ़ जाता है—यह देखने योग्य है—

फूल कांचनार के,
प्रतीक मेरे प्यार के !
प्रार्थना-सी अर्धस्फुट कांपती रहे कली,
पत्तियों का सम्पुट, निवेदिता ज्यों अंजली।
आये फिर दिन मनुहार के, दुलार के
—फूल कांचनार के !

सुमन-वृन्त बावले बबूल के !
झोंके ऋतुराज के वसन्ती दुकूल के,
बूर बिखराता जा पराग अंगराग का,
दे जा स्पर्श ममता की सिहरती आग का।
आवे मत गंधवह ढीठ हूल-हूल के !

कली री पलास की
टिमटिमाती ज्योति मेरे आस की
या कि शिखा ऊर्ध्वमुखी मेरी दीप्त प्यास की।

आगे कवि पलास से आग्रह करता है कि वह सभी दिगन्त और पूरे वनान्त में फैलकर उसके प्रणय का मार्ग प्रशस्त कर दे। निश्चय ही पलास का लाल रंग यहां प्रेम का प्रतीक है तभी तो उससे यह आशा की जा रही है।

किन्तु, 'बेला वसन्त की' कविता में जब वसन्त की बेला चढ़ आती तो कवि को अपनी गुजर चुकी प्रेयसी की याद आती है। वासन्ती उपमाओं से उपमित होकर कवि की प्रिया भी कितनी नाज़ुक और सुन्दर हो गयी है—

जिसकी सिरिस-सी इकहरी त्वचा को
सुरसराती इन अंगुलियों ने टटोला था
जिसकी कंपती पद्म-पंखुडी-सी झपती पलकों को
—सांस सहम बड़े हल्के बल से खोला था
जिसकी उछरती-सी चितवन धरा-भर को दुलरा गयी थी
जहां-तहां दुहरी धूप के फूल-तारे खिला गयी थी
वही, वही मेरी छरहरी निजी मधुलता तो
नहीं रही……

यह सब तो हुई मैदानी भाग के वसन्त की विशेषता, लेकिन पहाड़ पर वसन्त के आने का ढंग कुछ और ही होता है। पहले धीरे-धीरे लुढ़क-पुढ़क कर अलक्षित रूप से और बाद में बिल्कुल मचलकर सामने आ जाता है—

चट-चट-चट कर सहसा तड़क गये हिमखंड जमे सरसी के तल पर,
लुढ़क-पुढ़क कर स्थिर⋯ वसन्त का आना
—यद्यपि पहले नहीं किसी ने जाना—
होता रहा अलक्षित।

नयी किरण के छुए श्रृंग : हो गये सुनहले
बहते सारे हिमद्वीप। हां, गाओ,
'हेम-किरीटी राजकिशोरों का दल
नव-वसन्त के अभिनन्दन को मचल रहा है।'

(बर्फ की झील)

'इन्द्रधुन रौंदे हुए ये' संग्रह में संकलित इस कविता के अंत तक जाते-जाते कवि दार्शनिक हो उठता है और कहता है कि वह नव-वसन्त के सामने श्रद्धा से अपना शीश तभी झुकायेगा जब हिमशिला पिघलकर झील के जल में मिल जायेगी, क्योंकि 'तपस्या चमक नहीं है' बल्कि गलकर, मिलकर और मिलकर फिर पाना है। इस तरह वसन्त का सौन्दर्य पीछे छूट जाता है और कवि की गद्यात्मक दार्शनिकता मुंह के बल सामने आ जाती है।

वैसे, वसन्त के आने की एक राजस्थानी शैली भी होती है, जब वह पीली चुनरी और लाल लंहगे में उमंग से दौड़ती चली आती है—

सरसों फूली
पीली लीकें
हरियाली में।
अरे! मोड़ पर
यह मानो वसन्त की लाली
उमग चली जाती है।

(वसन्त : राजस्थानी शैली)

यह रंग-बिरंगी पोशाक (पीला, हरा और लाल) और चलने का बांका अंदाज राजस्थान के वसन्त का ही हो सकता है।

वसन्त ऋतु में आसमान में कभी-कभी बादल भी आकर छा जाते हैं, लेकिन अक्सर बरसते नहीं धोखा देकर निकल जाते हैं। किन्तु, कभी-कभी आकाश में

बादल का छोटा-सा टुकड़ा आता है और हल्के-से बरस कर चला भी जाता है। अनिश्चितता ... 'वसन्त की बदली' कविता में अज्ञेय ने स्नेहपूर्वक पकड़ा है— जहां इस बारिश का सम्बन्ध प्रेम से भी जुड़ा हुआ है—

यह वसन्त की बदली पर क्या जाने कहीं बरस ही जाय ?
विरस ठूंठ में कहीं प्यार की कोंपल एक सरस ही जाय।
दूर-दूर, भूली उषा की सोयी किरण एक अलसानी—
उसकी चितवन की हल्की-सी सिहरन मुझे परस ही जाय।

इधर जब वसन्त में प्रकृति जवान रहती है—जीवन-शक्ति और उल्लास में भरपूर, उसी काल में उधर मानव-समाज में शोषण का दुष्चक्र भी फलित होता है। वसन्त ऋतु के आगमन तक फसलें पक जाती हैं। उसे देखकर किसान खुशी से झूम उठता है, लेकिन यह खुशी क्षणिक साबित होती है। ज्यों ही वह फसल काटकर अनाज तैयार करता है, त्यों ही अपने पिछले ऋण का बकाया सूद लेने महाजन पहुंच जाता है। और किसान फिर खाली हाथ रह जाता है। अज्ञेय ने शोषण के इसी दुष्चक्र को अपनी छोटी-सी कविता 'हवाएं चैत की' में पूरे कौशल के साथ पकड़ा है—

बह चुकीं बहकीं हवाएं चैत की
कट गयीं फूलें हमारे खेत की
कोठरी में लौ बढ़ाकर दीप की
गिन रहा होगा महाजन सेंत की।

यहां 'सेंत' शब्द के ठेठ देशज प्रयोग ने गागर में सागर भरने का काम किया है।

बैशाख वसन्त का अंतिम महीना माना जाता है, लेकिन तब तक मौसम में काफी गर्मी भी आ जाती है। ऐसे में कभी-कभी तेज हवा चलती है, जो अपने साथ अक्सर बारिश लाती है। इस बारिश के होते ही प्राणियों का जीवन फिर से खुशी से मस्त हो जाता है। 'बैशाख की आंधी' कविता में अज्ञेय ने इन्हीं स्थितियों का चित्रण किया है। इन सबमें भी धूल पछुवा के कंधे पर चढ़कर लोगों को चिकोटी काटती फिरती थी, वही अब कितनी स्नेहमयी बन गयी है—

आया पानी :
अरी धूल भगड़ैल, चढ़ी
पछवा के कन्धों पर तू थी इतराती,
ले काट चिकोटी अब भी :
बस एक स्नेह की बूंद और तू हुई पस्त—

पैरों में बिछ-बिछ जाती,
सौंधी महक उड़ाती ?
सह सके स्नेह—वह और रूप होते हैं, अरी अयानी !
नाच, नाच मन, मुदित, मस्त !
आया पानी ।

'वसन्त आया तो है' एक भिन्न प्रकार की कविता है। अज्ञेय ने इस कविता में उसी समस्या को उठाया है, जो उसने 'नन्दा देवी' शृंखला की कविताओं में उठाया था कि प्रकृति और मानव के बीच सामंजस्य खतरनाक ढंग से टूटता जा रहा है। यह ध्यान देने की बात है कि इस कविता की रचना 'नन्दा देवी' के बाद हुई—लगभग चार वर्ष बाद। कवि ने 'नन्दा देवी' में जिस प्रश्न को उठाया था उसी को यहां विस्तार मिला है। फर्क यह है कि इस बार सन्दर्भ पर्वतीय-प्रदेश का नहीं, बल्कि शहर का है। 'नन्दा देवी' में जो शहरी लोग और उनकी सरकार पर्वतीय-प्रदेश से प्रकृति को उजाड़ने पर तुले थे, स्वयं उनके शहर का आलम और उससे भी बढ़कर वहां रहनेवाले लोगों की संवेदनशीलता की हालत यह है—

वसन्त आया तो है
पर बहुत दबे-पांव
यहां शहर में
हमने उसकी पहचान खो दी है
उसने हमें चौंकाया नहीं।

किन्तु, आशा की बात यह है कि स्वयं वसन्त ने शहर को पूरी तरह भुलाया नहीं है, तभी तो 'घाटी की दुखी कठैठी ढाल पर कई सूखी नामहीन खूंटियां-बूटियां'—

सब एकाएक एक ही लहर में
लहलहा उठीं
स्वयम्बरा वधुओं-सी ?
वर तो नीरव रहा
वधुओं की सखियां
गा उठीं ।

अज्ञेय के उत्तर-काव्य में वसन्त का रंग फीका-सा है। न वह उल्लास है, न वह जीवन-शक्ति और न ही संवेदना की आंच में तपी हुई कविताएं। फूलों का रंग फीका पड़ गया है और पक्षियों की चहचहाहट मन्द पड़ गयी है—फिर भला इनके बिना वसन्त का रंग कैसे खिल सकता है। स्मरणीय है कि फूल, पौधे और पक्षी

के संबंधित कविताओं का विश्लेषण करते हुए हम इस पुस्तक के दूसरे अध्याय में इस निष्कर्ष पर पहुंचे थे कि अज्ञेय के उत्तर-काव्य में न सिर्फ इनका रंग फीका पड़ गया है, बल्कि इन बिषयों पर स्वतंत्र रूप से लिखी महत्त्वपूर्ण कविताओं की संख्या भी कम हो गयी है। इस तरह पूर्वोक्त स्थापना इस दूसरे अध्याय के तथ्य के मेल में ही है। प्रश्न उठता है कि इन सबके आधार पर अज्ञेय के उत्तर-काव्य के बारे में कोई सामान्य निष्कर्ष निकाला जा सकता है? प्रश्न निश्चय ही महत्त्वपूर्ण है, लेकिन इस बात पर हम अंतिम अध्याय में विस्तार से विचार करेंगे। फिलहाल इस बात की प्रामाणिकता की जांच उत्तर-अज्ञेय की वसन्त ऋतु से संबंधित कविताओं से गुजरकर करना अधिक उचित होगा।

'उत्तर-वासन्ती दिन' कविता में कवि के इस दावे के बावजूद कि यह उत्तर-वासन्ती-दिन 'अप्रत्याशित' 'रूप से 'उजला' है, बहुत फीका मालूम पड़ता है। कवि यहां अपनी प्रेयसी को याद कर रहा है, उसकी याद में कुछ शिद्दत से महसूस नहीं कर रहा, बल्कि उखड़ा-उखड़ा-सा कुछ सोच रहा है—कि इस दिन को 'हम साझा भोग सके होते तो भी मैं इसे समूचा तुझको भेंट कर चुका होता :'। और अंत में—

> अब भी देता हूं
> (चौंका, ठिठका मैं)
> उतना ही सहज, कदाचित तेरे उतना ही अनजाने भी।
> ले, दिया गया यह :
> एक छोड़ उस लौ को जो
> एकान्त मुझे झुलसाती है।

बिडम्बना यह है कि इस 'एकान्त मुझे झुलसाती है' वाक्यांश के प्रयोग के बाद भी कविता में संवेदना का ताप कहीं नजर नहीं आता।

'फूल हर बार आते हैं' कविता में कवि सोच रहा है कि वसन्त के आने के साथ हर बार फूल आते हैं, लेकिन अंततः हम नहीं आते। आगे वह कहता है—

> हम नहीं आयेंगे,
> तो भी, जब हैं,
> अब क्यों नहीं गायेंगे
> या गाये हुए ही गीत की
> कड़ी नहीं दोहरायेंगे ?

इस तरह अज्ञेय गाये हुए गीत की कड़ी ही दुहराते रहते हैं, यह दुहराव भी उनकी सर्जनात्मक-नसों में धड़कता हुआ नहीं आता बल्कि दिमाग में निठल्ला सोचते हुए

निर्मित होता है ।

'धूसर वसन्त' कविता में साहस के साथ कवि यह स्पष्ट स्वीकार करता है कि वसन्त आया तो है, लेकिन वह इस बार गीत नहीं गा सकेगा । यह स्वीकार की ईमानदारी ही कविता में जान डाल देती है । वसन्त के आगमन की खुशी में कवि की आंखें डबडबा आयी हैं, किन्तु उसके स्वागत में कोई गीत न गा पाने का दर्द पूरी कविता को मर्मस्पर्शी बना देता है—

नहीं, इस बार, मेरे मीत !
नहीं उमड़ेगी धार
मैं नहीं गा सकूंगा गीत
इस बार बस,
घुमड़ेगा प्यार
और चुप में रिस जायेगा
बहेगी नहीं बयार
न सिहरायेगी
इस बार
चिनचिनाती आंधी आयेगी
घुटूंगा मैं और
फूलें भी बबूल की
धूसर कर जायेगी
धूल, धूल, धूल···

अज्ञेय के अंतिम दौर की कविताओं में प्रेम लगातार 'मस्तिष्कीय' होता चला गया है । कवि सिर्फ पुरानी स्मृतियों के सहारे कविता लिखता है, यहां स्मृति भी संवेदनात्मक नसों में धड़कती हुई नहीं आती बल्कि निठल्ला सोचते हुए आती है । सोच-सोचकर ये स्मृतियां भी धीरे-धीरे फीकी और बेरंग होती चली गयी हैं, इस अंतिम दौर के बाद वाले चरण में तो ये अक्सर उस बुझी हुई राख के सदृश जान पड़ती हैं, जिसमें कहीं कोई तपिश नहीं बची । ऐसे में कभी-कभी कवि के रचनात्मकता के ही सूख जाने का खतरा पैदा हो जाता है—लगता है बस अब इससे आगे शायद कविता की रचना संभव नहीं हो पायेगी । इस कठिन स्थिति में प्रकृति ही अज्ञेय के कवित्व की रक्षा के लिए बार-बार आती है । और वह आती है तो कुछ देर के लिए ही सही कवि की काव्य-संवेदना हरिया उठती है । 'वासन्ती' शीर्षक कविता में जैसे इसी बात का उल्लेख है । लगभग सत्तर की उम्र में भी जब वसन्त आता है तो कवि जिसकी 'पोर-पोर गहरी निद्रा में थी' सहसा जाग पड़ता है—जैसे 'हिमनिद्रा में जड़ित रीछ' 'एकाएक' 'चौंकाया' गया हो । और 'एक

वसन्ती धूप-सने खग-रव' में पूरी तरह जग जाने के बाद वह उत्साह से एक बार फिर वसन्त को पुकार उठता है—

फिर छुओ !
प्राण पा गयी है यह प्रस्तर प्रतिमा !

ग्रीष्म : कसैली आंखें मटमैला सवेरा

वसन्त के बाद ग्रीष्म ऋतु आता है। वसन्त के बीतने और ग्रीष्म ऋतु के आने का बड़ा ही सुन्दर चित्रण अज्ञेय ने 'माघ-फाल्गुन-चैत' कविता में किया है। यह चित्रण मुख्यतः सेमर वृक्ष के माध्यम से हुआ है। ऋतु के बदलने के साथ सेमर वृक्ष का रूप कैसे बदलता चला जाता है—यह देखने योग्य है—

सहसा झरा फूल सेमर का गरिमा-गरिम, अकेला, पहला,
क्या टूट चला सपना वसन्त का चौबारा, चौमहला, लाल-रूपहला ?
झर-झर-झर लग गयी झड़ी-सी
टहनी पर बस टंगी रह गयी अर्थहीन उखड़ी-सी
टुच्ची-बुच्ची ढोड़ियां लंढूरी पर-खोंसे झुलसे पाखी-सी
खिसियाये मुंह बाये ?
पहले ही सकुची-सिमटी
दब गयी पराजय के बोझे से लद किसान की झुकी मड़ैया।
क्रमशः आये
दिन चैती : सौगात नयी क्या लाये ?
—बाल बिखेरे, अपना रूखा सिर धुनते (नाचे ता-थैया ?)
बेचारी हर-झोंके मारी, विरस अकिंचन सेमर की बुढ़िया मैया !

फूल से लदे हुए सेमर को चौबारा, चौमहला, लाल-रूपहला वसन्त के महल के रूप में और वसन्त के बीतने के बाद क्रमशः 'झुकी मड़ैया' और फिर 'बुढ़िया मैया' के रूप में कल्पना अद्भुत है। यह कवि की कल्पनाशीलता और प्रभावशाली बिम्ब-निर्माण की क्षमता का अच्छा उदाहरण है।

अज्ञेय ने ग्रीष्म ऋतु पर बहुत कम कविताएं लिखी हैं, मुश्किल से तीन-चार छोटी-छोटी कविताएं। 'नीमाड़ : चैत' कविता में उन्होंने इस ऋतु में पड़नेवाली भीषण गर्मी का चित्रण किया है। मनुष्य या प्राणी ही नहीं पेड़ भी जैसे इस झुलसाती गर्मी से अपनी छाया को बचाने के लिए उसे ओट देकर चुपचाप खड़े हैं—

पेड़ अपनी-अपनी छाया को
आतप से

ओट देते
चुपचाप खड़े हैं।
तपती हवा
उनके पत्ते झराती जाती है।

ग्रीष्म ऋतु में खासकर दोपहर के समय सूर्य सीधे सिर के ऊपर आ जाता है, और उसकी किरणें प्रातः लम्बवत जमीन पर पड़ती हैं। इसके कारण जहां एक ओर इस ऋतु में गर्मी अधिक पड़ती है, वहां दूसरी ओर इसी कारण सभी वस्तुओं की छाया भी छोटी पड़ने लगती है। पेड़ की छाया इतनी छोटी हो जाती है कि लगता है कि छाया पेड़ के नीचे अपने-आपको गर्मी से बचाने की कोशिश कर रही है या पेड़ ने ही छाया को ढक लिया है। कवि ने इसी स्थिति की ओर अर्थपूर्ण संकेत किया है और अपने सूक्ष्म पर्यवेक्षण और समर्थ कौशल के आधार पर एक छोटी किन्तु श्रेष्ठ कविता का निर्माण किया है।

'उमस' कविता में अज्ञेय ने ग्रीष्म ऋतु की उमस का चित्र संवेदनक्षम बिम्बों के माध्यम से उकेरा है—

रात उजलायी,
अंधेरे से
कंटीले हो
सभी आकार
उग आये।
सिहर कर
पंक्षी पुकारे
इधर लेकिन
अबोली चुप
तुम्हारी व्यथा में
मेरी व्यथा डूबी।

आकार कंटीले महसूस होते हैं, पंछी सिहरकर पुकारते हैं और उधर एक अबोली चुप्पी छायी है—इन सबके माध्यम से उमस जैसे साकार हो उठा है। यह तो हुई उमस की बात 'ग्रीष्म की रात' कुछ ऐसी होती है—

कोयल ने टेरा : कुहू ?
कि पपीहे ने पलटा : कहां ?
कसैली आंखें : मटमैला सवेरा।

सिर्फ इन तीन ही छोटी-छोटी पंक्तियों में 'ग्रीष्म की रात' जैसे उभरकर सामने आ जाती है। इसे ही कहते हैं गागर में सागर भरने की कला।

वर्षा : ओ पिया, पानी

अज्ञेय ने वर्षा ऋतु पर भी कई कविताएं लिखी हैं। वर्षा ऋतु प्रेमी जनों के लिए सबसे प्रिय ऋतु है। इस ऋतु में सभी प्राणी प्रेम में मग्न दिखाई देते हैं—प्रेम और इस ऋतु का जैसे चोली-दामन का साथ है। ऐसे समय में कहीं किसी का प्रेमी या प्रेयसी दूर कहीं किसी और गांव या शहर में हो तो इस वियोग की पीड़ा अकथनीय हो जाती है। कालिदास के यक्ष ने इसी विरह-कथा में व्याकुल होकर विक्षिप्तों की भांति आषाढ़ के प्रथम दिन आकाश में घुमड़ते मेघों से अपना प्रणय-संदेश कहा था। अज्ञेय ने अपनी एक कविता का शीर्षक कालिदास के इसी काव्य 'मेघदूतम्' के वाक्यांश 'आषाढ़स्य प्रथम दिवसे' को बनाकर अपनी कविता में इस परम्परा की स्मृति ताजी कर दी है। बहरहाल, यहां कविता का 'मैं' यक्ष की तरह बादलों को अपना प्रणय-संदेश नहीं कहता बल्कि आकाश में घन को देखकर उसे यह आशा बंधती है कि उसकी प्रेयसी चार दिनों के बाद आ जायेगी। और वह 'मैं' जो रेत का सूखा फैलाव-सा है, उसकी कनी-कनी सींच जायेगी। आगे वह प्रेयसी की याद में खोया बादल के रूपक में ही उसके आने का ढंग, उसका सौन्दर्य देखता है—

> वह आयेगी—
> पहले बादल-सी छरहरी, अयानी-लाल-लजी, अनजानी
> फिर मानो पहचान, जान यह सब कुछ उसका ही है
> घहराते उद्दाम हठीले यौलन से इठलाती
> खुले बाल, खिले अंग, बेकल, सब बौरन मदमाती
> वह आयेगी—
> लालसा का लाल, जय का लिये उजला रंग।

ग्रीष्म ऋतु में धरती गर्मी से तप जाती है, मिट्टी का रस सूख जाता है, पानी के अभाव में पेड़-पौधे भी सूखने लगते हैं और सभी प्राणी इस निरंतर गर्मी से व्याकुल हो उठते हैं। इस हाल में जब वर्षा ऋतु में बारिश की पहली बौछार होती है तो वह सबके लिए कितना सुखदायी होता है—और इसके साथ ही मौसम कितना सुहावना हो जाता है। 'पहला दौंगरा' कविता में मेघ के घिरने से सिर्फ कवि को अपनी प्रेयसी की याद ही नहीं घेरती बल्कि उसके साथ वर्षा के इस जीवन-दायी रूप का भी चित्रण है! दोनों मिलकर एक-दूसरे को नयी अर्थवत्ता प्रदान करते हैं और दोनों की एक साथ अंतिम परिणति कविता को नयी ऊंचाई प्रदान करती है—

पड़ा वह दौंगरा पहला
धरा ललकी, उठी, बिखरी हवा में
बास सौंधी मुग्ध मिट्टी की।
भिगो दो, आह !
ओ रे मेघ, क्या तुम जानते हो
तुम्हारे साथ कितने हियों में कितनी असीसें उमड़ आयी हैं।

इस कविता का विश्लेषण करते हुए डॉ० रामस्वरूप चतुर्वेदी ने ठीक लिखा है, " 'असीस' की व्यंजना यहां कुछ अधिक ही गहरी है—'नदी के द्वीप' में रेखा के इस प्रसिद्ध वाक्य की तुलना में—'आई एम फुलफिल्ड' ।"(पृ० 44)वैसे 'असीसें' शब्द कविता को लोक-सन्दर्भ से जोड़कर एक और भी नयी अर्थछटा प्रदान करती है—और यह अर्थ किसी एक व्यक्ति के निजी प्यार के संदर्भ में नहीं है, वरन जगत जीवनदायी रूप के संबंध में है।

'ये मेघ साहसिक सैलानी' कविता में बादल का वर्णन एक साहसी सैलानी के रूप में है, जैसा कि इस कविता के शीर्षक से ही स्पष्ट होता है। पूरी कविता में झर-झर-झर के नाद का कुछ इस तरह से गुंफन किया गया है कि लगता है जैसे मूसलाधार बारिश हो रही हो, साथ ही कविता की लय इस वर्षा को गति प्रदान करती है। इन दो बातों के ही कारण कविता महत्त्वपूर्ण हो गयी है। उदाहरण के रूप में हम कविता की ये पंक्तियां देख सकते हैं—

झर-झर-झर-झर, अप्रतिहत स्वर
जीवन की गति आनी-जानी ।
ये मेघ साहसिक सैलानी !
झर-नदी कूल के चल नरसल, झर-उमड़ा हुआ नदी का जल,
ज्यों क्वांरेपन के केंचुल में यौवन की गति उद्दाम प्रबल ;
झर-दूर आड़ में झुरमुट के चातक की करुण-कथा बिखरी
चमकी टिटहरी की गुहार झाऊ की सांसों में सिहरी,
मिलकर सहसा सहमी ठिठकी वे चकित मृगी की आंखडियां
झर ! सहसा दर्शन से झंकृत इस अल्हड़ मानस की कड़ियां,

'सावन-मेघ' कविता में अज्ञेय ने संभोगरत आकाश और धरती का विराट इरॉटिक बिम्ब खींचा है—

घिर गया नभ, उमड़ आये मेघ काले,
भूमि के कम्पित उरोजों पर झुका-सा, विशद, श्वासाहत, चिरातुर
छा गया इन्द्र का नील वक्ष वज्र-सा, यदि तड़ित से झुलसा हुआ-सा,

और इस कविता के अन्त में धरती का हाल कुछ ऐसा है—

> जबकि सहसा तड़ित के आघात से घिरकर
> फूट निकला स्वर्ग का आलोक बाध्य देखा :
> स्नेह से आलिप्त, बीज के भवितव्य उत्फुल्ल
> बद्ध-वासना के पंक-सी फैली हुई थी
> धारयित्री-सत्य-सी निर्लज्ज, नंगी, औ, समर्पित ।

लगता है वर्षा ऋतु में सिर्फ कुछ प्राणी ही नहीं दिक्-दिगन्त प्रेम में अपनी सुध-बुध खो बैठा है । इस कविता की लय में जो वेग है, वही इस बात का प्रमाण है कि यह कविता किसी युवा कवि की भावनाओं की अकुंठ अभिव्यक्ति है । और यह लय ही कविता को अश्लील होने से बचा लेती है ।

'भादों की उमस' कविता में अज्ञेय ने वर्षा ऋतु में अक्सर बारिश होने के पहले मौसम में जो उमस रहता है, उसका संवेदनक्षम चित्रण किया है—

> सहम कर थम से गये हैं बोल बुलबुल के
> मुग्ध, अनझिप रह गये हैं नेत्र पाटल के
> उमस में बेकल, अचल है पात चल-दल के
> नियति मानों बंध गयी है व्यास में पल के ।

और इस उमस में बेकल कवि को अपने 'सहपथिक' की याद आ जाती है ।

'पानी बरसा' कविता में भी बारिश के होने से प्राणियों में जो खुशी की लहर दौड़ पड़ती है और इसके साथ ही कवि के मन में जो प्रेम की उमंग उठती है—दोनों मिलकर कविता में विलक्षण भाव-तरल सौन्दर्य की सृष्टि करते हैं—

> खड़-खड़ कर उठे पात, फड़क उठे गात ।
> देखने को आंखें घेरने को बांहें ।
> पुरानी कहानी ?
> ओठ को ओठ, वक्ष को वक्ष—
> ओ पिया, पानी ।
> मेरा हिया तरसा ।
> ओ पिया—पानी बरसा !

यहां फिर कविता के लय के कारण उपर्युक्त बात संभव हो पायी है ।

उत्तर-अज्ञेय की रचनाओं में वर्षा ऋतु का यह सौन्दर्य देखने को नहीं मिलता। एक तो उन्होंने बाद में इस ऋतु से संबंधित सिर्फ दो कविताओं की रचना की है, वह भी महत्त्वपूर्ण नहीं बन पायी हैं । 'रात सावन की' कविता में कोयल कुहू-कुहू

करती है तो पपीहा उसका उतर देता है—कुछ ऐसा ही 'मन-भावन' प्रश्नोत्तरी कवि और उसकी प्रेयसी के बीच भी चल रहा है। अंतिम कविता में 'मेघ एक भटका सा' दो बूंदें गिरा जाता है, कवि का दावा है कि कभी-कभी इन्हीं दो बूंदों से अचानक महाकाव्य गढ़ जाते हैं। यह बात सच हो सकती है, किन्तु इस कविता के सन्दर्भ में कम-से-कम यह सच नहीं है।

शरद : चांदनी जी लो

अज्ञेय ने वसन्त के बाद सबसे अधिक कविताएं शरद ऋतु पर ही लिखी हैं। 'शरद' कविता में उन्होंने विस्तार से इस ऋतु में प्रकृति के सौन्दर्य में आये बदलाव का चित्रण किया है। वर्षा ऋतु में नदियां भर जाती हैं और कभी-कभी भरकर उफन भी पड़ती हैं, किन्तु शरद ऋतु में नदियों का पाट अपेक्षाकृत सिमट जाता है। वर्षा ऋतु में जल के बहाव के साथ गंदगी भी नदी में आती है, जिसके कारण नदी का जल गंदला दिखता है। शरद के आने तक वह गन्दगी नीचे बैठ जाती है, इसलिए नदी साफ-स्वच्छ दिखती है—और उसमें एक 'चमक' आ जाती है। 'बादलों के चुम्बन से' जो 'अयानी हरियाली' खिल आयी थी वह शरद की धूप में जैसे नहा-निखरकर मतवाली हो जाती है। उसके मतवाली रूप पर कीरों का झुंड फबतियां कसता है, जिसे सुनकर 'लजीली शेफाली' प्रान्तर में चुपचाप झरती रहती है। कल तक जिस आकाश को इन्द्र ने बादलों से घेर रखा था वहां शारदा ने हंसकर तारों की थाती लुटा दी है। किन्तु इस ऋतु में तो सबसे जादुई सौन्दर्य होता है शारदीय चांदनी का—और आस-पास कहीं मालती भी खिली हो तब तो कहना ही क्या—

मालती अनजान भीनी गंध का है झीना जाल फैलाती—
कहीं उसके रेशमी फन्दे में शुभ्र चांदनी पकड़ पाती !
घर-भवन-प्रासाद खंडहर हो गये किन-किन लताओं की जकड़ में
गन्ध, वायु, चांदनी, अनंग रही मुक्त इठलाती।

ऐसे जादुई मौसम में जब क्वांर की शीतल बयार धीरे-धीरे बहती है तो किसी का मन भला कैसे मान जाय ? वह क्यों न बात हार दे—

इतराया यह मौर ज्वार का क्वांर की बयार चली,
शशि गगन—पार हंसे न हंसे—शेफाली आंसू ढार—चली।
नभ में रवहीन दीन बगुलों की डार चली,
मन की सब अनकही रही पर मैं बात हार चली !

(क्वांर की बयार)

'मेरा तारा' कविता में कवि अकेला है, जबकि क्वांर की सांझ का वक्त है, औरआकाश में हल्की-सी बदली छायी है। ऐसे रोमांटिक मौसम में अकेलेपन का अहसास बढ़ जाता है। तब कवि को अपना एकमात्र संगी सामने आकाश में उगा हुआ एकमात्र तारा नजर आता है, जो स्वयं भी अकेला है लेकिन मुस्कुरा रहा है।

अज्ञेय के गीत 'चांदनी जी लो' में शारदीय चांदनी के सौन्दर्य और उसके माधुर्य को भाव-तरल अभिव्यक्ति मिली है। कवि की प्रेयसी उससे आग्रह करती है कि वह भी शरद चांदनी के माधुर्य को अपनी अंजुरी में भरकर पी ले जिसे पूरी प्रकृति ने पी रखा है—

शरद चांदनी बरसी
अंजुरी भर कर पी लो।
ऊंघ रहे हैं तारे सिहरी सरसी
ओ प्रिय कुमुद ताकते अनझिप
क्षण में तुम भी जी लो।

प्रेयसी का अन्तःस्पन्दन सुनने के लिए भी तो यही सर्वोत्तम समय है—और स्वय जब प्रेयसी ही इस बात के लिए आमंत्रित कर रही हो तो फिर रोक-टोक कैसा—

उठी ललक हिय उमगा अनकहनी अलसानी
जगी लालसा मीठी
खड़े हो ढिग, गहो हाथ पाहुन मनभाने
ओ प्रिय, रहो साथ
भर-भर कर अंजुरी पी लो
बरसी शरद चांदनी
मेरा अन्तः स्पन्दन तुम भी क्षण-क्षण जी लो!
शरद चांदनी बरसी, अंजुरी भर कर पी लो।

अगर वह शारदीय चांदनी कार्तिक-पूर्णिमा की हो तो इससे बेहतर किसी दृश्य की कल्पना करना संभव नहीं। ऐसे में यह अत्यन्त स्वाभाविक है कि कवि की आंखें अपनी प्रिया की राह किसी चकोर के समान तक रही हों—

कुहरा झीना और महीन, झर-झर पड़े अकासनीय
उजली-लालिम मालती गंध के डोरे मालती,
मन दुबकी है हुलास ज्यों परछाई हो चोर की—
तेरी बाट अगोरते ये आंखें हुईं चकोर की?

(कतकी पूनो)

यह दिलचस्प बात है कि अज्ञेय ने ग्रीष्म ऋतु पर बहुत कम कविताएं लिखी हैं, जबकि वसन्त के बाद शरद पर सर्वाधिक कविताओं की रचना की है। इसका कारण अज्ञेय की अपनी रोमांटिक प्रवृत्ति है, जो शरद ऋतु के अनुकूल पड़ती है। अज्ञेय छायावाद के रोमांटिक-भावबोध को तोड़ते हुए भी एक खास अर्थ में एक रोमांटिक कवि हैं। यह कैसे ? इस प्रश्न पर हम अंतिम अध्याय में विस्तार से चर्चा करेंगे। ध्यान देने की बात यह भी है कि इस ऋतु पर उन्होंने अपेक्षाकृत अधिक कविताएं अपने उत्तर-काल में लिखी हैं। शरद उतार-चढ़ावों से रहित शांत, शीतल और स्वच्छ ऋतु होती है। यह बात उत्तर अज्ञेय की सिमटी हुई, द्वन्द्व और तनावों से अपेक्षाकृत मुक्त थिरायी हुई संवेदना के मेल में है। इसलिए यह अत्यन्त स्वाभाविक है कि उनके उत्तर-काव्य में 'शरद' पर अधिक कविताएं देखने को मिलती हैं। आगे हम यह भी देखेंगे कि कैसे अज्ञेय ने शरद के ही समान शीतल और स्वच्छ स्मृति के जल में डूबकी लगाकर इस ऋतु से संबंधित अपने उत्तर-कालीन कविताओं की रचना की है।

'शरद की सांझ के पंछी' कविता में जब कवि देखता है कि तारों भरे आकाश में पंछी बिना डैंना हिलाए भार-मुक्त से तिर जाते हैं तो उसका मन चाहता है कि गा उठे ऐसे गीत जो पहले न ही उसने और न ही किसी और ने कभी गाये। किन्तु उसकी यह इच्छा इच्छा ही रह जाती है और कविता का लय गिरकर वहां पहुंच जाता है—

> किन्तु अधूरा है आकाश, हवा के स्वर बन्दी हैं
> मैं धरती से बंधा हुआ हूं
> हूं ही नहीं, प्रतिध्वनि भर दूं जब तक
> नहीं उमंगते तुम स्वर में मेरे प्राण-स्वर तारों में दिया मेरे तारे,
> जब तक नहीं तुम्हारी लम्बायित परछाही
> कर जाती आकाश अधूरा पूरा।

यही अधूरेपन का दर्द 'तुम फिर आ गये, क्वांर ?' कविता में भी अभिव्यक्त हुई है। यादों में खोया हुआ-सा कवि यह प्रश्न पूछता है कि 'मेरे सूने गेह में' तो अभी तक कोई पधारा नहीं, लेकिन 'तुम फिर आ गये, क्वांर ?' क्वांर के बाद 'कातिक की रात' में भी भादों की यही कसक और अकेलेपन का यही दर्द बसा हुआ है। किन्तु, कवि का विछोह यहां मर्मस्पर्शी बन गया है। वह यहां उन सपनों या यादों से परेशान है, जो उसे घनी रात में जगा देता है। नितान्त अकेला कवि रात के अंधेरे में उनका सामना करने में अपने को असमर्थ महसूस करता है। व्यथित होकर वह कहता है—

तकिये का दूर छोर
टोहने
इतनी भोर में
मुझे अकेले
न जगा !
सोया हूं ? मूर्च्छित हूं ?
पर अंधेरे कोहरे में
बिछोहने
न जगा, न जगा, न जगा ।

'एक दिन' कविता में प्रेम के विभोर क्षणों की तन्मयता अभिव्यक्ति हुई है। कवि के लिए जैसे पूरी दुनिया अपनी प्रेयसी की 'स्निग्ध छांह' में सिमट गयी है 'वह वहां से कहीं जाना नहीं चाहता—कुछ करना नहीं चाहता। अभी वह सिर्फ प्रेम के इन अद्वितीय क्षणों को डूबकर महसूस करना चाहता है। एक खुमार-सा उस पर छाया है, जिसे तोड़कर वह मुक्त होना नहीं चाहता। अनुभूतियों के प्रति समर्पण का यह चरम क्षण है, जिसमें वह अभी अपनी प्रेयसी की ओर भी हाथ बढ़ाना नहीं चाहता—

अभी मेंहदी की गंध लहरें
पथरीले मन-कगारों की दरारें टटोलती हैं
अभी, एकाएक, मैं तुम्हें छूना, पाना
तुम्हारी ओर हाथ बढ़ाना नहीं चाहता
पर अभी तुम्हारी स्निग्ध छांह से
अपने को हटाना नहीं चाहता !
ठीक है, कभी तो कहीं तो चला जाऊंगा
पर अभी कहीं जाना नहीं चाहता ?

मेंहदी की गंध लहरों के द्वारा पथरीले मन-कगारों की दरारें टटोलने जैसे विलक्षण बिम्ब का प्रयोग कवि के भावों की गहराई और अनुभूति की प्रमाणिकता का पता देती हैं। उत्तर अज्ञेय की रचनाओं में ऐसी सफल गीतात्मक अभिव्यक्ति कम ही देखने को मिलती है।

किन्तु, बाकी कविताएं इस स्तर को छू भी नहीं पातीं। 'चुप-चाप' में चुप-चुप-सा कवि यह चाहता है कि वह पुलकित होकर विराट् में डूब जाय और विराट् उसमें मिल जाय। 'शरद विलायती' में शरद को विलायती बाबू के रूप में देखने का कौतुक भरा लेकिन जबरन प्रयास है। और 'शरद तो आया' में कवि की यह शिकायत है कि शरद तो आ गया है, किन्तु इस बार 'हृदय-रंजन युगल खंजन'

नहीं दीखे। इस ऋतु पर लिखी अंतिम कविता 'पेड़ों की कतार के पार' में कवि यह खाली बैठा हुआ सोच रहा है कि 'पेड़ों के तनों की कतार के पार जहां धूप के चकत्ते हैं वहां तुम भी हो सकती थीं लेकिन—

पर अब नहीं सोच सकता :
जानता हूं
वहां बस, शरद के
पियराते
पत्ते हैं।

हेमन्त : धूप पीकर उन्मत्त

हेमन्त ऋतु का समय अगहन और पोष का महीना माना जाता है। इस समय कड़ाके की ठंड पड़ती है। स्वाभाविक है कि इस ठंड में जाड़े की गुनगुनी धूप बड़ी प्रीतिकर लगती है। इसलिए प्रायः लोग इस मौसम में देर तक धूप-सेवन करते हुए पाये जाते हैं। 'उन्मत्त' कविता में कवि पर इसी धूप-सेवन के बाद नशा-सा छा गया है—वह उन्मत्त हो उठा है—

पी गया हूं अधिक कुछ मैं
स्निग्ध सहलाती हुई-सी
धूप यह हेमन्त की,
आज मुझको चढ़ गयी है
यह अथाह अकूल अपलक
नीलिमा आकाश की।
मत छुओ, रोको, पुकारो मत मुझे
जहां मैं हूं वहां से मत उतारो—
मुझे कुछ मत कहो।

यह सब जाड़े की धूप का कमाल है, जो यहां किसी पुरानी शराब से कुछ कम ताकतवर नजर नहीं आती। कभी-कभी प्रकृति का सौन्दर्य भी कितना उन्मादक होता है।

'हेमन्ती बयार' अज्ञेय की एक छोटी-सी बहुत ही कमजोर कविता है। 'हेमन्त का गीत' अज्ञेय की एक बेहद महत्वपूर्ण रचना है, किन्तु इसकी चर्चा हम विस्तार से पिछले अध्याय में कर चुके हैं। यहां सिर्फ इतना संकेत करना यथेष्ट होगा कि इस लम्बी कविता में कवि ने पर्वतीय-प्रदेश में हेमन्त ऋतु में प्रकृति के उजड़े हुए रूप का चित्रण किया है, जबकि फसलें काट ली गयी हैं और फल तोड़ लिए गये

हैं। प्रकृति के इस उजड़े हुए रूप से ही मिलता हुआ कवि का उजड़ा हुआ मन है, जिसमें पुराने प्रेम की यादें उमड़ पड़ी हैं। एक अन्य कविता 'जाड़ों में' अज्ञेय ने प्राणियों की हरकतों के माध्यम से प्रकृति के एक रूप को खूबसूरती से पकड़ा है— जब ठंड कुछ अधिक हो गयी है और कुहासा छाया हुआ है—

> लोग बहुत पास आ गये हैं
> पेड़ दूर हटते हुए
> कुहासे में खो गये हैं
> और पंछी (जो ऋत्विक हैं)
> चुप लगा गये हैं।

कहने की जरूरत नहीं कि अज्ञेय छोटी कविताओं की रचना में बेहद कुशल हैं।

शिशिर : वंचना है चांदनी सित

अज्ञेय ने ऋतुओं में सबसे पहले शिशिर पर ही कविता लिखी है। सितम्बर 1932 में लिखी गयी यह कविता 'शिशिर के प्रति' उनका शुरुआती प्रयास है। इसे देखकर यह साफ लगता है कि कवि अभी कविता लिखना सीख रहा है। वह कहीं छायावाद से प्रभावित नजर आता है—तो कहीं द्विवेदीयुग से। और यह बात संवेदना से अधिक भाषा के स्तर पर देखने को मिलती है। जब वह शिशिर को यह कहकर संबोधित करता है कि 'मेरे प्राण-सखा हो बस तुम एक, शिशिर?' तो छायावाद का स्मरण हो आता है। किन्तु, कविता की वर्णनात्मक शैली द्विवेदीयुगीन इति-वृत्तात्मकता का आभास देती है। उदाहरण के लिए कविता की ये पंक्तियां देखी जा सकती हैं—

> केवल भरे रहे अस्फुट आकांक्षाओं से—
> भरे रहे, बस? भरे रहे हां! फूट न पाये।
> यह साकांक्ष विफलता ही रहे धुरी उस मैत्री की
> जिस पर घूम रहे हैं प्राण, पाकर साथ तुम्हारा—
> अरे? समदुखी, सहभोगी, ओ वंचित प्राण-सखा, शिशिर!

किन्तु, लगभग आठ वर्षों बाद शिशिर पर लिखी अपनी दूसरी कविता 'शिशिर की राका-निशा' तक आते-आते स्थिति पूरी तरह बदल जाती है। कवि भाषा और संवेदना दोनों ही स्तरों पर अपने लिए एक नया रास्ता निकाल लेता है, लेकिन यह बात भाषा से अधिक संवेदना के स्तर पर अधिक साफ नजर आती है। अज्ञेय छायावाद के रोमांटिक भाव-बोध के प्रभाव से अपने को मुक्त करते हुए यथार्थ-आग्रही दृष्टिकोण का परिचय देते हैं। छायावादी कवियों की हर जगह सुन्दर ही सुन्दर देखने की प्रवृत्ति पर यह कविता एक करारी चोट है—

वंचना है चांदनी सित,
झूठ वह आकाश का निरवधि, गहन विस्तार—
शिशिर की राका-निशा की शान्ति है निस्सार !
दूर वह सब शान्ति, वह सित भव्यता, वह शून्य के अवलेप का प्रस्तार—
इधर—केवल झलमलाते चेतहर, दुर्धर कुहासे की हलाहल-स्निग्ध मुट्ठी में
सिहरते से, पंगु, टुंडे, नग्न, बुच्चे दईमारे पेड़ !

आगे चलकर इसी कविता में 'मूत्र-सिंचित मृतिका के वृत में तीन टांगों पर खड़ा नत्तग्रीव धैर्यधन गदहा' और 'गोयठों की गंधमय अंबार' भी है।

अज्ञेय ने शिशिर पर अंतिम दो कविताएं बहुत बाद में लिखी हैं। यह अक्टूबर 1970 का 'शिशिर का भोर' है, जब कवि अपनी प्रेयसी की यादें भी भूलने-सा लगा है। 'अलाव' कविता में (सन् 1980 के आसपास) प्रेम के उन विभोर क्षणों की स्मृति महज एक 'भटकन' के रूप में शेष रह जाती है। और कवि इसी में अलाव की गर्मी का अहसास पाना चाहता है।

प्राकृतिक-प्रतीक : तथ्य के सागर में सत्य का अन्वेषण

अज्ञेय के काव्य में प्रतीकों का प्रयोग बहुत अधिक देखने को मिलता है। उनके प्रतीक अधिकांशतः परंपरागत नहीं बल्कि वैयक्तिक कोटि के हैं। उन्होंने परंपरा से प्राप्त प्रतीकों का उपयोग कम और स्वयं निर्मित या अन्वेषित प्रतीकों का उपयोग अधिक किया है। इसी अर्थ में कभी-कभी उन पर यूरोप के प्रतीकवादी कवियों जैसे येटस, मेलामें और रैंबों आदि के प्रभाव की बात की जाती है। अज्ञेय काव्य में प्रतीक के प्रयोग को काफी महत्व देते हैं, उन्होंने स्वयं इस पर विस्तार से विचार किया है। एक स्थान पर इसके महत्व का निर्देश करते हुए उन्होंने लिखा है—"जो सीधे-सीधे अभिधा मैं नहीं वंधता उसे आत्मसात करने या प्रेषित करने के लिए प्रतीक काम देते हैं।`` सत्य के अथाह सागर में वह (कवि) प्रतीक रूपी कंकड़ से उसकी थाह का अनुमान करता है।" (राजेन्द्र प्रसाद द्वारा उद्धरित—अज्ञेय : कवि और काव्य, पृ० 189) अज्ञेय के काव्य में प्रकृति का कितना महत्व है यह बात उनके द्वारा की गयी प्रतीकों की सृष्टि से भी समझी जा सकती है। उन्होंने न सिर्फ प्रकृति पर बहुतायत से कविताओं की रचना की है बल्कि उनके अधिकांश बिम्ब और प्रतीक भी प्रकृति से संबंधित हैं। अनेकों फूल, पौधे और पक्षी से लेकर सागर, नदी, बूंद, मछली, इन्द्रधनुष, तारा, सूर्य आदि-आदि तक एक लंबी फेहरिस्त है अज्ञेय की प्रकृति से संबंधित प्रतीकों की।

अज्ञेय ने फूलों के प्रतीक का प्रयोग अक्सर प्रेमानुभूति के सदर्भ में किया है। वैसे भी फूलों की कोमलता और उसका सौन्दर्य प्रेम जैसी कोमल भावनाओं के मेल में ही अधिक पड़ता है, इसलिए यह स्वाभाविक भी है। उदाहरण के रूप में 'आशीः (वसन्त के एक दिन)' कविता देखी जा सकती है। इसमें कवि स्पष्ट स्वर में कहता है कि कचनार के फूल उसके प्यार के प्रतीक हैं, बबूल के सुमन-वृन्त से वह यह अपेक्षा करता है कि वह 'ममता की सिहरती आग का' स्पर्श दे जायेगा और अन्त में पलास की कली से निवेदन करता है—

वासना-सी मुखरा, वेदना-सी प्रखरा
दिगन्त में, प्रान्तर में, प्रान्त में
खिल उठ, झूल जा, मस्त हो,
फैल—जा वनान्त में—
मार्ग मेरे प्रणय का प्रशस्त हो ?

किन्तु, एक अन्य कविता 'टेसू' में यही पलाश का फूल क्रांति का अग्रधावक बन कर आया है। वैसे, चन्द्रकान्त वांदिवडेकर ने इस कविता में टेसू को अज्ञेय की 'समग्र काव्य-शक्ति, कृतित्व एवं व्यक्तित्व का पूरा प्रतीक' माना है। ('अज्ञेय की कविता : एक मूल्यांकन', पृ० 33) मुश्किल यह है कि वांदिवडेकर ने यहां अज्ञेय को एक ऐसे विद्रोही कवि के रूप में देखा है, जिसकी भूमिका सिर्फ यह है कि वह नयी कविता(पावस) के आने के पूर्व उसके लिए रास्ता तैयार करता है। जबकि सच्चाई यह है कि अज्ञेय ने 'नयी कविता' के लिए मार्ग बनाने में ही सिर्फ मदद नहीं की बल्कि वे स्वयं नयी कविता के एक प्रमुख कवि भी हैं। ऐसे में 'टेसू' को 'उनकी समग्र काव्य-शक्ति, कृतित्व एवं व्यक्तित्व का पूरा प्रतीक' भला कैसे माना जा सकता है। स्वयं जिस अज्ञेय को संबोधित करते हुए बांदिवडेकर ने 'टेसू' कविता का लम्बा विश्लेषण किया है, उन्हें भी संभवतः इस व्याख्या पर आपत्ति हो सकती थी—कम से कम इस अन्तर्विरोध को जान लेने के बाद तो जरूर ही। दूसरी ओर 'टेसू' क्रान्ति के अग्रदूत का प्रतीक है—इस धारणा के लिए यह कविता अधिक मजबूत आधार प्रदान करती है। कवि कहता है कि 'ग्रीष्म तो न जाने कब आयेगा।' और जब तक आकर वह अपने ताप से धरती को तपाकर तपःकृशा बनाकर उसे उस स्थिति के लिए तैयार करे जहां वह 'पावस की मिलन-निशा' के सुख को सह सके, 'जिसमें नव मेघदूत शावक-सा आकर अदम्य जीवन के द्रावक संदेसे से उसे हुलसायेगा'—

तब तक मैं उसका एक अकिंचन अग्रदूत
अपनी अखंड आस्था के साक्ष्य-रूप
मशाल जला दूं—
न सही क्षयग्रस्त नगर में—
इस वनखंडी में आग लगा दूं।

स्पष्ट है कि इस कविता में 'पावस की मिलन-निशा' सुखपूर्ण भविष्य की ओर संकेत करती है और 'लू' के दुर्दम दुर्मद घोड़े पर वह अनलोद्भव अवतार पुरुष और कोई नहीं बल्कि क्रान्ति है। यह अलग बात है कि अज्ञेय की क्रान्ति नीचे से, जनता के बीच से उभरकर नहीं आती बल्कि ऊपर से घोड़े पर अवतरित होती है। इसी का अग्रदूत है यह 'टेसू', जो तब तक अपनी आस्था के साक्षी के रूप में बन-

खंडी में ही आग लगा देता है, क्षयग्रस्त नगर का विनाश तो बाद में क्रान्ति से ही संभव हो पायेगा। ध्यान देने की बात है कि इस तरह के विनाश की बात क्रान्ति के दौर में की जाती है। वैसे भी लाल रंग परम्परा से क्रान्ति का प्रतीक माना जाता है और टेसू का रंग तो टहटह लाल होता है। तभी तो वनखंडी में उसके खिलने से ऐसा लगता है जैसे जंगल में आग लग गयी हो।

इन सबसे अलग एक 'यह कली' कविता है, जिसमें कली भोली-भाली देहाती युवती का प्रतीक बनकर आयी है, जो बाद में नगर के राजपथ पर छिपते प्रकाश में छली जाती है।

'हमने पौधे से कहा' कविता में पौधा सर्जक कवि का प्रतीक है। अन्यत्र हमने इसकी विस्तार से चर्चा की है, इसलिए यहां इसके विस्तार में जाना आवश्यक नहीं। 'घास' अज्ञेय के काव्य में एक महत्वपूर्ण प्रतीक है, जो कवि को बेहद प्रिय भी है। यह उनके आधुनिक जीवन-दृष्टि के कुछ खास पहलुओं का प्रतिनिधित्व करता है। घास अज्ञेय की कविता में संमर्पण, मानवतावाद और धैर्य आदि का प्रतीक बनकर आयी है। अज्ञेय के ऊर्जस्वित व्यक्तित्व का प्रतीक है हारिल पक्षी। 'उड़ चल हारिल' में वह सर्जनात्मकता के प्रति कवि की अदम्य आस्था का भी प्रतीक बनकर आया है, जो अपने अन्तर में निरन्तर सृजन की चाह संजोये हुए है। 'नदी के द्वीप' कविता में नदी समाज और द्वीप व्यक्ति का प्रतीक है। अज्ञेय ने इस कविता में समाज और व्यक्ति के आपसी संबंध के बारे में अपने विचार व्यक्त किए हैं। इसका विस्तार से विश्लेषण मैंने इस पुस्तक के तीसरे अध्याय में किया है।

'चक्रान्त-शिला' शीर्षक कविता की शृंखला के संबंध में राजेन्द्र प्रसाद ने ठीक ही लिखा है कि, " 'चक्रान्त-शिला काल का प्रतीक है।" आगे इस सन्दर्भ में अज्ञेय के वक्तव्य का उल्लेख करते हुए उन्होंने लिखा है, "स्वयं अज्ञेय ने एक स्थल पर स्पष्टीकरण देते हुए चक्रमित होती हुई शिला का संबंध प्रत्यावर्तित होते हुए काल से जोड़ा है। वे इसका संबंध बुद्ध के धर्मचक्र से भी जोड़ते हैं। गहरा अन्धकार, महाशून्य का शिविर तथा धुंध ढकी गहरी वापिका अज्ञात निराकार सत्ता के प्रतीक हैं। काल की गदा मृत्यु का प्रतीक है।" (पृ० 194-95) 'बावरा अहेरी' कविता में सूर्य सृष्टिकर्ता और सृष्टि-संहर्ता के रूप में चित्रित किया गया है। पहले वह 'आलोक की लाल-लाल कनियां' बिछाकर पूरे जगत को प्रकाशित कर जैसे सृष्टि का निर्माण करता है। और जब यह सूर्य रूपी अहेरी अपना जाल समेटता है तो उसके जाल से छोटी-बड़ी कोई भी चीज बच नहीं पाती। किसी पर वह रहम नहीं करता—किसी का भी लिहाज नहीं करता। पूरा जगत अंधकार में निमग्न हो जाता है। कवि सूर्य से यह आग्रह करता है कि वह उसके शरीर रूपी खण्डहर की शिरा-शिरा 'आलोक की अनी से' छेद दे ताकि वह उसके सिरोपे से ये कनक-तार

पहन सके। कहने की जरूरत नहीं है कि यहां 'आलोक की अनी' ज्ञान का प्रतीक बनकर आयी है। इस तरह 'बाबरा अहेरी' का सूर्य कुछ-कुछ परमेश्वर जैसा मालूम पड़ता है। किन्तु, निश्चय ही यह पारंपरिक परमेश्वर से भिन्न है, अपनी कल्पना के रंग में रँग कर अज्ञेय ने उसे कुछ अलग ही रूप प्रदान किया है।

'मेरा तारा' कविता में तारा कवि की आस्था का प्रतीक बनकर आता है। 'चांदनी' जीवन भर साथ निभाने का वादा करके भी दगा दे जाती है, मेघ और क्वांर की सांझ भी अपना अर्थ खो देती हैं। किन्तु, आसमान में उगे एकमात्र तारे का साथ कवि के लिए हमेशा बना रहता है। कभी-कभी कैसे पूरा का पूरा बिम्ब या प्रसंग कविता के अन्त में सहसा प्रतीक में बदल जाता है—यह कविता इस बात का श्रेष्ठ उदाहरण है। अज्ञेय ने अपनी इस क्षमता का प्रयोग अनेकों बार किया है।

अज्ञेय के उत्तर-काव्य में सागर सबसे महत्वपूर्ण प्रतीक के रूप में आया है। कवि के लिए वह जीवन का प्रतीक है तो महाकाल का भी। 'सागर मुद्रा—14' में वह लिखता है—

सागर, ओ आदिम रस जिसमें समस्त रूपाकार
अपने को रचते हैं,
जिसमें जीवन आकार लेता है, बढ़ता है, बदलता है,
ओ सागर, काल-धाराओं के संगम,
काल-वाष्प के उत्स, काल-मेघ के लीलाकाश,
काल-विस्फोट की प्रयोग-भूमि,
सागर, ओ जीव द्रव, बज्रवक्ष
ओ शिलित स्राव, ओ अमार्दव
आदिम जीवन कर्दम
ओ आलोक कमल !

आगे कवि ने उसे 'मरने के मरण' और 'मृत्यु के काल' भी कहा है। इस तरह अज्ञेय ने सागर की कल्पना एक विराट् परमेश्वर के रूप में की है, जिसमें ब्रह्मा, विष्णु और महेश तीनों समाहित हैं। लेकिन, वह स्पष्ट रूप से इन तीनों से भिन्न भी है। क्योंकि इसमें जीवन जन्म नहीं लेता बल्कि 'आकार' ग्रहण करता है, वह बढ़ता है, लेकिन बढ़कर वह मृत्यु को प्राप्त नहीं होता बल्कि बदल जाता है। इस तरह यह किसी महाशक्ति या पराशक्ति की आधुनिक कल्पना है—और ठीक इसी अर्थ में अज्ञेय 'नव-रहस्यवादी' हैं।

'मैंने देखा, एक बूंद' में सागर यदि महाकाल का प्रतीक है तो 'बूंद' मानव-जीवन की नश्वरता का। किन्तु, कवि इस बात का अर्थपूर्ण संकेत करता है कि

मनुष्य चाहे तो सर्जनात्मक होकर इस नश्वरता के दाग से मुक्ति पा सकता है। 'बना दे चित्तेरे' में अज्ञेय ने जीवन की नश्वरता के विरोध में 'जिजीविषा' को खड़ा किया है, यहां एक मछली जिजीविषा का प्रतीक बनकर आयी है। एक क्षुद्र जीव में जीवन जीने की अदम्य इच्छा है तो भला जीवन को कैसे निरर्थक मान लिया जाय।

जिजीविषा का एक और रूप अज्ञेय की एक बहु-चर्चित कविता 'सोन-मछली' में भी देखने को मिलता है—

हम निहारते रूप :
कांच के पीछे हांफ रही मछली
रूप-तृषा भी
(और कांच के पीछे) है जिजीविषा।

स्वयं अज्ञेय ने इस छोटी-सी कविता की प्रतीकात्मकता को स्पष्ट करते हुए लिखा है—"जीवन स्वप्नों और आकारों का एक रंगीन और विस्मय-भरा पुंज है। हम चाहें तो उस रूप से ही उलझे रह सकते हैं, पर रूप का यह आकर्षण भी वास्तव में जीवन के प्रति हमारे आकर्षण का ही प्रतिबिम्ब है। जीवन को सीधे न देखकर हम एक कांच में से देखते हैं, तो हम उन रूपों में ही अटक जाते हैं, जिनके द्वारा जीवन अभिव्यक्ति पाता है। कांच की टंकी में पाली हुई सोन-मछली पर एक छोटी सी कविता में यही कहा क्या है।" (चन्द्रकांत वांदिवडेकर द्वारा उद्धृत, 'अज्ञेय की कविता : एक मूल्यांकन', पृ० 174)

'रश्मिवाण' में जब कविता का 'मैं' पुल पर खड़ा होकर अपनी छाया को नदी के जल पर एकटक देख रहा होता है तो रश्मिवाण के समान एक 'उजली मछली' उसकी छाया को भेद जाती है। यहां यह मछली सत्य के अन्वेषण में उस आलोक-स्फुरण का प्रतीक बनकर आयी है, जिसके प्रकाश में वह सत्य को देख लेता है। एक स्थान पर स्वयं अज्ञेय ने इस संदर्भ में लिखा है, "यदि हम सागर को हमारे न जाने हुए सब कुछ का प्रतीक मान लें, तो मछली उस प्रतीक का प्रतीक हो जाती है जिसके द्वारा कवि अज्ञात सत्य का अन्वेषण करता है। यहां से अन्वेषण पद्धति का अन्वेषण करें तो और भी कई प्रतीक मिलते हैं—सागर और मछली, नदी, सेतु, जल पर पड़ता हुआ प्रकाश, परछांही, को भेदने वाली किरण और अन्त में वह प्रकाशवान मछली जो परछांही को भेद जाती है—वह प्रतीक जिसके द्वारा अन्वेषी स्वयं अपने अहंकार से उत्पन्न पूर्वाग्रहों की छाया के पार देख लेता है।" (राजेन्द्र प्रसाद द्वारा उद्धृत, 'अज्ञेय : कवि और काव्य', पृ० 193)कहने की जरूरत नहीं कि इस छाया के पार वह सत्य को ही देखता है, जिसमें मदद करती है रश्मि वाण के सदृश वह उजली मछली। 'जीवन-छाया 'शीर्षक कविता में भी 'रंगारंग मछलियां'

उपर्युक्त बात का ही प्रतीक प्रतीत होती हैं। किन्तु 'पहेली' कविता में मछली जीवन के सत्य का प्रतीक है। इस कविता में गुरु शिष्य से कहता है—"कहां चला ले जाल अभी पहले मछलियां पकड़ तो ला ?" शिष्य बेचारा इसी पहेली के बारे में सोचता हुआ बूढ़ा हो जाता है, उसके बाल सफेद हो जाते हैं और मुख कुंचित। तब अचानक एक दिन उसे एक अन्तःस्फुरण में सत्य का ज्ञान होता है। कहीं-कहीं अज्ञेय की क़विता की प्रतीकात्मकता भी इसी 'पहेली' की तरह दुरूह और अस्पष्ट हो गयी है। जिसे सुलझाने में हो सकता है कि कोई पाठक जीवन भर उलझा रह जाय। आमतौर पर ऐसी स्थिति अज्ञेय के उत्तर-काव्य में देखने को मिलती है—विशेषकर दार्शनिक या रहस्यवादी किस्म की कविताओं में। ऐसे मौकों पर 'अकविता' वालों का यह आरोप बिल्कुल ठीक जान पड़ता है कि काव्य में प्रतीकों का प्रयोग वास्तव में यथार्थ से पलायन है। जब जीवन की क्रूर वास्तविकता से मुठभेड़ करने का साहस कवि में नहीं रहता तब वह प्रतीकों का सहारा लेता है।

प्रकृति के विषय में अज्ञेय की संवेदना और दृष्टि

रोमांटिक और गैर-रोमांटिक

अज्ञेय मूलत: एक नव-रोमांटिक कवि हैं। रोमांटिक कवियों के प्रिय विषय अज्ञेय को भी प्रिय हैं। प्रकृति, प्रेम, सौन्दर्यप्रियता, अतीत के प्रति मोह और वैयक्तिक-विद्रोह की भावना—अज्ञेय के काव्य के ये मूल तत्त्व रोमांटिक काव्य के भी मूलतत्त्व माने जाते हैं। हिन्दी के छायावादी काव्य में देशभक्ति की भावना भी अंतरग्रथित मिलती है, जो भारत के खास सन्दर्भ में एक युग-विशेष के दबाव से उत्पन्न हुई थी। युग-परिवर्तन ने छायावादी काव्य की इस प्रमुख प्रवृत्ति को अज्ञेय के नवरोमांटिक भाव-बोध के लिए अप्रासंगिक बना दिया। इसीलिए देश भक्ति की भावना का उस रूप में अज्ञेय के काव्य में अभाव उनकी रोमांटिकता को खंडित नहीं करती। डॉक्ढर रामविलास शर्मा ने बहुत ठीक कहा है, "इनकी (अज्ञेय की) आलोचना पर टी० एस० इलियट का प्रभाव है, इनके काव्य पर नहीं।"[1] इसी कारण टी० एस० इलियट जहां क्लैसिकल काव्य परम्परा से जाकर जुड़ते हैं, वहीं अज्ञेय सबसे अधिक छायावाद से प्रभावित होते हैं, विशेष रूप से प्रसाद से। यह अकारण नहीं है कि अज्ञेय अपनी आलोचना में 'निर्वैयक्तिकता' के सिद्धान्त की बात करते हैं किन्तु कविता से लेकर उपन्यासों तक पाठकों को उनकी आत्मकथात्मक-विवृत्ति ही अधिक देखने को मिलती है। उनके काव्य में सामाजिक-राजनीतिक परिदृश्यों की स्वल्पता और उसकी जगह प्रकृति की प्रतिष्ठा भी उनकी रोमांटिक-वृत्ति को ही पुष्ट करती है। वैसे, रोमांटिक होना अपने आप में कोई साहित्यिक अपराध नहीं है। असल बात यह है कि एक कलाकार के रूप में कौन कितनी समर्थ रचना दे पाता है। लेकिन, कुछ आलोचक अज्ञेय के महत्त्व-मात्र को प्रतिष्ठित करने के लिए उत्साह से उन्हें गैर-रोमांटिक साबित करने पर तुले हुए हैं। लगता है जैसे उनके लिए गैर-रोमांटिक होना ही अपने आप में कोई बहुत बड़ा मूल्य हो।

यदि मैं अज्ञेय को नव-रोमांटिक कवि मान रहा हूं तो इसका मतलब यह नहीं

है कि उनमें और छायावादी कवियों में कोई भिन्नता नहीं है । भिन्नता है, लेकिन उसके आधार दूसरे हैं । इसके साथ ही दोनों में समानता के बिन्दु भी काफी हैं । स्वयं अज्ञेय ने इसकी चर्चा करते हुए लिखा है, "अनुभव-सत्यता पर—व्यक्तिगत अनुभूति के खरेपन पर जो आग्रह छायावाद ने आरंभ किया या काव्य के परम्परागत अभिप्रायों और ऐतिहासिक पौराणिक वृत्त को अपना विषय मान कर, अनुभूति-प्रत्यक्ष और अन्तश्चेतन-संकेतित को सामने लाना छायावादी विद्रोह का एक रूप रहा—वह नयी कविता में भी वर्तमान है ।"[2] पूरी नयी कविता पर यह बात किस हद तक लागू होती है, यह एक अलग से विचारणीय प्रश्न हो सकता है, किन्तु अज्ञेय यहां अपने काव्य का संबंध-सूत्र छायावाद से बहुत सही जोड़ रहे हैं । यह तो हुई समानता की बात । दोनों में अंतर को भी अज्ञेय ने बखूबी पकड़ा है, छायावाद और नयी कविता के प्रकृति-चित्रण की तुलना करते हुए उन्होंने लिखा है, "छायावाद के लिए 'प्रकृति' मानवेतर यथार्थ का पर्याय नहीं थी, मानव के साथ मानव-निर्मिति को छोड़कर शेष जगत भी उसकी प्रकृति नहीं था । बल्कि इस शेष में जो सुन्दर था, जो सौष्ठव-संपन्न था, जो रूप-सम्पन्न था, वही उसका लक्ष्य था । ··· नयी कविता में रूप का आग्रह कम नहीं है, पर उसने सौष्ठव वाले पक्ष को छोड़ दिया है, तद्वता पर ही बल देती है ।"[3] यह बात प्रकृति के संदर्भ में कही गयी है, लेकिन सामान्य रूप से छायावाद और नयी कविता की पूरी भाव-भूमि पर लागू होती है । तद्वता पर जोर के साथ ही विचारों का आग्रह भी बढ़ा है । वास्तविकता की सही पहचान के लिए यथार्थ-दृष्टि की जरूरत होती है । यथार्थ पर जोर तद्वता के आग्रह का ही परिणाम है । यथार्थबोध इस वैज्ञानिकयुग का तकाजा है । रूप के स्तर पर सबसे बड़ा परिवर्तन यह हुआ कि कविता उपमा और उत्प्रेक्षा की झड़ी से मुक्त होकर और छन्द के लबादे को उतारकर अधिक सहज और वास्तविक रूप में सामने आयी । अब गद्य की लय से ही कविता की रचना होने लगी, शब्दों में निहित इस अंतर्निहित लय से अधिक की अपेक्षा कवि को नहीं रही ।

किन्तु, छायावाद की भाषा-शैली और संवेदना से मुक्त होना अज्ञेय के लिए इतना सरल नहीं था, इसके लिए उन्हें लम्बा संघर्ष करना पड़ा । अज्ञेय की आरंभिक कविताओं में ('चिन्ता', 'इत्यलम' में) इस संघर्ष के स्वर सुने जा सकते हैं और मुक्ति के लिए छटपटाहट देखी जा सकती है । इस दौर की कविताओं में अज्ञेय की रचनात्मक सफलता को संवेदना के स्तर पर अधिक स्पष्ट रूप से देखा जा सकता है, उनकी इस समय की भाषा-शैली अक्सर भ्रम में डालती है—और गलत नतीजे पर पहुंचने का खतरा बना रहना है । इसी खतरे का शिकार होकर डॉ० रामस्वरूप चतुर्वेदी जैसे आलोचक अज्ञेय के रचनात्मक द्वन्द्व को 'निष्क्रिय-सी भटकन' मान लेते हैं और यह स्थापना करते हैं, "स्वभावतः इस काल की कविताओं में छटपटाहट है, पर शक्ति नहीं ।" अज्ञेय के इस दौर की कविता की विशेषता

और इसके द्वन्द्व को केदारनाथ सिंह ने अधिक बारीकी से पकड़ा है, "कभी-कभी यह बात आश्चर्य में डाल देती है कि कविता के ढांचे में एक बुनियादी परिवर्तन की आकांक्षा लेकर चलने वाला यह कवि बार-बार छन्द, लय और भाषा की उन सरणियों में क्यों भटक जाता है, जो उसे उसके पूर्ववर्ती कवियों के निकट ले जाती हैं। 'इत्यलम' और 'चिन्ता' की पद्य-कृतियों को पढ़ते समय ऐसा बार-बार लगता है। पर, मैं इस नतीजे पर पहुंचा हूं कि 'अज्ञेय' की आरंभिक कविताओं की सही पहचान के लिए उनके बाह्य रूपाकार को थोड़ा ओझल करना होगा—कम-से-कम वे कविताएं यही मांग करती हैं।"[4] उदाहरण के रूप में उन्होंने 'चिन्ता' के एक गीत की पंक्तियां उद्धरित की हैं—

"सखि, आ गये नीम को बौर
हुआ चित्रकर्मा वसन्त अवनीतल पर सिरमौर।"[5]

और इसकी व्याख्या करते हुए लिखा है, "स्पष्ट ही गीत की यह उठान महादेवी के गीतों की याद दिलाती है। इस दृष्टि से देखें तो गीत का यह सांचा बड़ा पुराना लगेगा, पर नवीनता इस बात में है कि कवि बौर का सम्बन्ध परम्परागत आम वृक्ष से नहीं जोड़ता। वह नीम के बौर की बात कहता है और नीम के साथ जुड़ते ही बौर में एक तलखी आ गयी है। स्वाद की यह कड़वाहट छायावादी कवि के सौन्दर्यबोध के विरुद्ध पड़ती है।"[6] इसी तरह 'चिन्ता' की कविता संख्या-8 में कवि ने लिखा है—

कल-झुलसते सुमन-जग में वेदना की हूक होगी,
निरस, श्री-हत तरु-शिखर पर मूक कोकिल-कूक होगी?
खर-निदाघ-ज्वाल में जल जायेगा मधुमास।
झूठ कल की आस!

यहां भी शैली वही है, भाषा वही है, उसी तरह से 'हूक' 'कूक' और 'मधुमास' की बात कही गयी है। लेकिन 'झुलसते सुमन-जग' जैसे बिम्ब का प्रयोग सीधे छायावादी सौन्दर्य-चेतना के विरोध में आकर खड़ा हो जाता है। 'इत्यलम' की 'वन-पारावत' जैसी कविता में अज्ञेय की भिन्नता अधिक स्पष्ट है, क्योंकि यहां उनकी विचार-सरणि उन्हें छायावादियों से अलग कर देती है। इस कविता में मंदिर के 'भग्नावशेष' पर कबूतर का एक जोड़ा बैठा है। वसन्त के आगमन से उनमें प्रणय की कामना बलवती हो उठी है। वसन्त के आगमन के साथ ही उनमें प्रेम की आकांक्षा का इस तरह से जगना इस बात का प्रमाण है कि प्रकृति के साथ उनके हृदय के तार कहीं गहरे जुड़े हैं—जो बात संभवतः आधुनिक मानव के साथ नहीं रही। कबूतर के जोड़े की यह प्रणय-लालसा जैसे आत्म-निग्रह में विश्वास रखने वाले

पथिकों से यह कह जाती है—"कितनी तुच्छ कामना वह कि दबाने से दब जाती हो।" कविता के अंत में कवि कपोतों से तो यह कहता है कि तुम अपना प्रणय संपन्न करो, लेकिन मानवों पर फिर व्यंग्य करता है—'मानव नियम निराला है—वह तो अपने ही से अपना प्रणय छिपानेवाला है।' इस तरह कवि मानव-समाज की तथाकथित नैतिकता के विरोध में प्रकृति की स्वाभाविक नैतिकता को खड़ी कर उस पर चोट करता है। कहने की जरूरत नहीं कि यह तर्क-पद्धति किसी नयी कविता के कवि की ही हो सकती है, छायावादियों की नहीं। वैसे, भाषा के स्तर पर छायावाद के प्रभाव को यहां भी 'चंचु-द्वय', 'मंजुल-क्रीड़ा' 'कपोती की व्रीड़ा', 'मधु-आगम' आदि-आदि में आसानी से देखा जा सकता है। इस तरह संवेदना और रचना-तंत्र का यह द्वन्द्व अज्ञेय की आरंभिक कविताओं की सामान्य विशेषता है। इस द्वन्द्व में ही उनका रचनात्मक विकास निहित है और आरंभिक, लेकिन महत्त्वपूर्ण रचनात्मक उपलब्धियां भी।

अज्ञेय की आरंभिक कविताओं पर यदि एक विहंगम दृष्टि डालें तो यहां उनका प्रकृति का संसार काफी वैविध्यपूर्ण दिखायी देता है। यह विविध रंगों और कलरवों से भरी हुई एक भरी-पूरी दुनिया है। यहां मलय का झोंका बहता है, टेसुओं की आरती सजाकर पूरी बन-स्थली खड़ी है, पलाश के फूलों का टहटहाता लाल रंग कवि के लिए प्रणय का मार्ग प्रशस्त कर रहा है, शिरीष ने रेशम की वेणी बांध ली है, कचनार की कली खिलखिलाकर हंस रही है, नीम के पेड़ में भी बौर आ गया है और बबूल के रूइले फूलों पर भौंरों का मदमस्त झुण्ड हूल-हूल के आता है। जब ऋतुराज वसन्त का आगमन होता है तो पूरी प्रकृति जैसे स्वागत में उत्साह से उठकर खड़ी हो जाती है। और स्वयं कवि ने ऋतुराज के स्वागत में बार-बार कविताएं लिखी हैं। इन फूलों के साथ पक्षियों का संसार भी कम वैविध्यपूर्ण और आकर्षक नहीं है। यहां पौरुष से मदमाता हुआ हारिल है जो अंतहीन गगन में उड़ा जा रहा है···थककर रुकना उसके धर्म के खिलाफ है, वह तब तक लगातार उड़ता रहेगा जब तक कि उसकी प्रेयसी उसे न मिल जाय···। वह अपने हाथ में एक तिनका थामे हुए है, जो सृजन का प्रतीक है—और उसका यह व्रत है कि कठिन-से-कठिन परिस्थितियों में भी वह हमेशा सृजनरत रहेगा। उधर प्रच्छन्न गगन का वक्ष चीर कर अकेला कीर उड़ा जा रहा है··· पास ही मंदिर के भग्नावशेष पर कबूतरों का एक जोड़ा चंचु-द्वय से मंजुल-क्रीड़ा में व्यस्त है, वहां दूर सामने एक तार पर दो छोटे-छोटे पंछी बैठे हैं, किन्तु द्वित्य में इतने सुन्दर दिख रहे हैं कि इस जग का हृदय ईर्ष्या से भर उठता है—और इन सबके साथ चातकी की हूक है, पपीहे की पी-पी की रट है और दूर से कहीं कोयल टेरती है—कूहू···कूहू···। मैं कहना चाहूंगा कि अज्ञेय की प्रकृति का संसार वास्तविक होते हुए भी सुन्दर है।

यदि अज्ञेय की इन प्रकृति सम्बन्धी आरंभिक कविताओं को एक जगह इकट्ठा कर दें तो यह लगेगा जैसे किसी कलाकार ने अपनी कूंची से धरती से आसमान तक नयनाभिराम रंगों में रँग डाला है, जैसे चारों दिशाएं पक्षियों के कलरव से गुंजायमान हो रही हों। यह बात सचमुच आश्चर्य में डाल देती है कि अज्ञेय की संवेदना का विस्तार कितना अधिक है; जिसमें प्रकृति के इतने अधिक रंग-रूप, स्पर्श और गंध समाहित हैं। जिसमें छोटे-बड़े पक्षियों से लेकर भारतीय जीवन के अधिकांश फूल-पौधे आ गये हैं। क्या यह आश्चर्य की बात नहीं है कि अज्ञेय ने हारिल, कीर और कबूतर जैसे पक्षियों पर स्वतंत्र रूप से कई-कई कविताएं लिखी हैं ? अज्ञेय ने भारतीय प्रकृति का भरा-पूरा मांसल-सौन्दर्य पाठकों के सामने उद्घाटित कर दिया है। उनका सूक्ष्म-पर्यवेक्षण गहरे प्रभावित करता है, वे प्रकृति में होनेवाली छोटी-छोटी हरकतों को भी डिटेल से नोट करते चलते हैं—'आया एक हवा का झोंका—कांपे तार—झरा दो कण नीहार···।' और आप इन सब पर सहर्ष-विस्मय के साथ मुग्ध हुए बिना नहीं रह सकते।

'इत्यलम' के बाद 'हरी घास पर क्षण भर' काव्य-संग्रह सन् 1949 में प्रकाशित हुआ। मुख्य रूप से इसी संग्रह की कविताओं के आधार पर अज्ञेय को गैर-रोमांटिक साबित करने की कोशिश की जाती है। वैसे एक हद तक इस संग्रह की कविताओं की एक खास विशेषता गैर-रोमांटिकता है भी। शिशिर ॠतु पर अज्ञेय ने पहले भी सन् 1932 में कविता लिखी है—'शिशिर के प्रति'। लेकिन; तब इस कविता की पहली पंक्ति ही—'मेरे प्राण-सखा हो बस तुम एक, शिशिर' छायावादी गीतों के प्रभाव का भेद खोल जाती है। किन्तु, इसी शिशिर पर जब सन् 41 में दूसरी कविता 'शिशिर की राका-निशा' लिखी तो स्थिति बिल्कुल बदली हुई है। वहां शिशिर कवि का 'समदुखी, सहभोगी,···वंचित प्राण सखा' है, यहां स्थिति ठीक इसके विपरीत है। यहां 'दुर्धर कुहासे की हलाहल-स्निग्ध मुट्ठी में सिहरते से, पंगु, टुंडे, नग्न, बुच्चे, दर्द मारे पेड़' हैं, 'बांस की टूटी हुई टट्टी' है, 'एक खम्भे से फटी-सी ओढ़नी की चिन्दियां दो-चार' लटक रही हैं और पास ही 'धंसती हुई छत' की आड़ में 'मूत्र-सिंचित मृतिका के वृत्त में तीन टांगों पर खड़ा, नतग्रीव, धैर्य-धन गदहा' है, निकट ही 'लोलुप खड़ा वन्य बिलार' है—और इसके पीछे 'गोयठों के गंधमय अम्बार' हैं। कहने की जरूरत नहीं कि यह दृश्य और गोयठों की गध छायावादी सौन्दर्य-चेतना के लिए कितना वीभत्स और असहनीय है। छायावाद की सुन्दर ही सुन्दर देखने की प्रवृत्ति पर अज्ञेय ने बिल्कुल सीधे ढंग से पहली बार अपना करारा प्रहार किया है। विरोध का यही स्वर 'हरी घास पर क्षण भर' की गैर-रोमांटिक कविताओं में अधिक रचनात्मक स्तर पर सुना जा सकता है—

'हरी घास पर क्षण भर' काव्य-संग्रह में सुन्दर कहे जाने वाले या मीठी

में गाने वाले पक्षियों की जगह पर कांव-कांव करने वाला कौआ है। परोक्ष रूप में छायावादी कवियों पर व्यंग्य करते हुए कवि लिखता है—

"सबेरे-सबेरे नहीं आती बुलबुल,
न श्यामा सुरीली न फुटकी न दंहगल सुनाती है बोली,
नहीं फूल सुंघनी, पेतना-सहेली लगाती है फेरे।
जैसे ही जागा, कहीं पर अभागा अडडता है कागा—
कांय ? कांय ? कांय ?"

कौए जैसे पक्षी को छायावादियों ने अकाव्यात्मक मानकर अपने काव्य में जगह नहीं दी। किन्तु, कौआ भारतीय लोक-जीवन का अनिवार्य सदस्य है। भले ही उसे सामान्य रूप से अशुभ और कुछ खास अवसरों पर ही शुभ माना जाता हो। इस 'सबेरे-सबेरे' कविता के अन्त में 'धत्तेरे ? नास जाय ?' जैसी उक्ति इसे उसी लोक-सन्दर्भ से जाकर जोड़ती है। इस तरह अज्ञेय ने कौआ जैसे असुन्दर पक्षी को अपने काव्य में प्रतिष्ठा दी। यह यदि एक ओर वास्तविकता के आग्रह का परिणाम है तो दूसरी ओर रोमांटिक सौन्दर्य-चेतना के खिलाफ विद्रोह का नतीजा भी। विद्रोह का यही स्वर 'कलगी बाजरे की' कविता में सुनी जा सकता है, लेकिन इस बार विद्रोह संवेदना से अधिक रूप के स्तर पर है। कवि अपनी प्रेयसी को 'शरद के भोर की नीहार-न्याही कुंई', 'टटकी कली चम्पे की वगैरह' नहीं कहना चाहता, क्योंकि 'ये उपमान मैले हो गये हैं' जैसे 'बासन अधिक घिसने से मुलम्मा छूट जाता है'। वह उसे 'शरद की सांझ के सूने गगन की पीठिका पर दोलती कलगी अकेली बाजरे की' कहना अधिक पसन्द करता है। इसके साथ ही वह यह घोषणा करता है—'आज हम शहरातियों को/पालतू मालंच पर संवरी जूही के फूल से' कहीं अधिक सच्चा और प्यारा प्रतीक 'बिछली घास' है। कोई कहना चाहे तो कह सकता है कि यह 'महत्' की जगह 'लघु' की प्रतिष्ठा है।

वैसे, ध्यान से देखें तो एक खास अर्थ में 'शिशिर की राका-निशा' और 'सबेरे-सबेरे' जैसी कविताएं स्वयं अज्ञेय की अपनी रोमांटिक-वृत्ति के खिलाफ विद्रोह है। गैर-रोमांटिकता के इस आग्रह के मेल में ही कहीं-न-कहीं कवि का वह तर्क है, जिसके आधार पर उसने अपने सर्वप्रथम प्रकाशित काव्य-संग्रह 'भग्नदूत' की अधिकांश कविताओं को यह कहते हुए नकार दिया कि वे उसकी रची हुई न मानी जायें। अज्ञेय हमेशा अपनी आरंभिक कविताओं के प्रति एक उपेक्षा-भाव बनाए रहे। उनके जीवन काल में ही कुछ आलोचक 'चिन्ता' और 'इत्यलम' को महत्त्वहीन ठहराते रहे, लेकिन उन्होंने कभी इसका विरोध नहीं किया। वैसे, देखने में एक सामान्य बात यह भी आती है कि अधिकांश रोमांटिक कवि अपनी ही रोमांटिकता के खिलाफ विद्रोह करते हैं। पंत ने अपनी ही छायावादी कविताओं

का विरोध करते हुए 'ग्राम्या' और 'युगवाणी' की रचना की, निराला ने छायावादी सौन्दर्यबोध का मजाक उड़ाते हुए 'कुकुरमुत्ता' लिखी। पता नहीं प्रसाद अधिक समय तक जीवित रह पाते तो क्या करते ? रोमांटिकों के गैर-रोमांटिक होने की यह सामान्य-प्रवृत्ति हमें इस निष्कर्ष पर पहुंचती है कि गैर-रोमांटिक होना रोमांटिकता का कोई निषेध नहीं है, बल्कि उसका ही एक अगला चरण है। निश्चय ही यह चरण अस्थायी है, क्योंकि उनकी रोमांटिक-वृत्ति देर तक इस भाव-भूमि पर टिक नहीं सकती। वे अधिक देर तक कौए की कांय-कांय और 'नग्न, बुच्चे, दईमारे पेड़' की बात कर सकते। इसलिए, यह आश्चर्य की बात नहीं है कि अधिकांश रोमांटिक कवि गैर-रोमांटिकता के अस्थायी सैन्य-शिविर में टिकने के बाद युद्ध से उपराम लेकर रहस्य-दर्शन की शरण में जा पहुंचे। पंत अरविन्द दर्शन की ओर मुड़ गये, प्रसाद ने समरसता की झीनी-झीनी चादर बुनी और उससे 'कामायनी' अन्त में मनु और श्रद्धा को ढक दिया, निराला के वेदान्ती मन को भक्ति की शरण ही रास आयी। अज्ञेय इन सबसे चतुर निकले, उन्होंने वैज्ञानिक और सर्जनात्मक रहस्यवाद का वातानुकूलित भवन खड़ा किया। उनका मन जब कभी आधुनिक मानव के क्रूर यथार्थ से घबराता है, वे इस भवन में विश्राम करने पहुंच जाते हैं।

जरा गौर से देखें तो रोमांटिक कवि के आरम्भ और अंत में कम-से-कम एक स्तर पर कोई भिन्नता नहीं दिखाई देगी। रोमांटिक कवि का अहं बहुत विशाल होता है, वह कविताओं में केवल अपनी बात करता है, सामाजिक-राजनीतिक परिस्थितियों का चित्रण नहीं करता। वह प्रकृति का चित्रण भले कर ले समाज और राजनीति की बातें उसे बहुत रास नहीं आतीं। इसका कारण यह है कि प्रकृति के उन्मुक्त प्रांगण में उसके अहं को आत्मविस्तार मिलता है, जबकि समाज के साथ उसका अहं अक्सर टकराव की स्थिति पैदा करता है। व्यक्तिगत स्वतंत्रता की उसकी भावना सामाजिक बंधनों की बेड़ियों से टकराकर बार-बार लौट आती है, जिसे प्रकृति के प्रांगण में ही अपना मनोवांछित बंधनहीन जीवन का दर्शन होता है। समाज और अपने अहम् की इस द्वन्द्वात्मक स्थिति के ही कारण छायावादी कवि 'केवल मैं केवल मैं' की बात करता है। अज्ञेय की कविताएं भी इसी 'मैं' और 'पर' के तनावपूर्ण सह-अस्तित्व की भाव-भूमि पर निर्मित हुई हैं। अज्ञेय की समस्या यह है कि वे बौद्धिक रूप से इस बात को समझते हैं कि अहम् को 'पर' के प्रेम में घुलना चाहिए, वे यह मानते हैं कि एक व्यक्ति को समाज के लिए अपना आत्मदान करना चाहिए। लेकिन, उनकी ट्रेजडी यह है कि चाहते हुए भी ऐसा नहीं कर पाते। 'कवि, हुआ क्यों फिर' कविता में उन्होंने स्पष्ट शब्दों में लिखा है—'भावनाएं तभी फलती हैं कि उनसे लोक के कल्याण का अंकुर कहीं फूटे।' और इसी कविता में उन्होंने यह महत्त्वपूर्ण प्रश्न उठाया है—

मगर तुम तो गरेबां टोह कर देखो
कि क्या वह लोक के कल्याण का भी बीज तुम में है?

प्रश्न कवि को संबोधित है, इसलिए स्वभावतः अज्ञेय के सामने भी मुंह बाये खड़ा हो जाता है। इस प्रश्न का स्पष्ट उत्तर देने का साहस संभवतः उनमें नहीं है, किन्तु उन्होंने यह प्रश्न स्वयं उठाया यही क्या कम बड़ा साहस है? वैसे, एक अन्य स्थान पर उन्होंने लिखा है—

अहं! अन्तरगुहावासी! स्व-रति!
क्या मैं चीन्हता कोई न दूजी राह?
जानता, क्या नहीं निज में बद्ध होकर है नहीं निर्वाह?
(कितनी शान्ति! कितनी शान्ति!)

प्रश्न में बदली हुई यह कारुणिक आत्मस्वीकृति क्या पिछले प्रश्न का ही उत्तर नहीं जान पड़ती? आत्मदान न कर पाने की विवशता के ही कारण अज्ञेय 'नदी के द्वीप' बनकर रह जाते हैं, जो धारा के साथ मिलने से इंकार कर देता है। यदि वे बहुत तत्पर होते हैं तो अधिक से अधिक उस द्वीप की स्थिति स्वीकार करते हैं, जो 'गर्व-भरा मदमदाता' है, पर 'इसको भी पंक्ति को दे दो'—ताकि वह वहां भी गर्व-भरा मदमदाता जलता रहे। किसी भी स्थिति में कवि अपने अहं का विसर्जन करने को तैयार नहीं है।

यह तो हुई पूर्व अज्ञेय की बात। अब जरा उत्तर अज्ञेय की पड़ताल करें, विशेष रूप से नव-रहस्यवादी अज्ञेय की। ऊपर से यहां सब कुछ बहुत बदला हुआ नजर आता है। लगता है जैसे कवि ने अपने पहाड़ जैसे अहं से मुक्ति पा ली हो, अपना संपूर्णतः आत्मदान कर वह रहस्यवाद के प्रति एकांत समर्पित हो गया हो। ध्यान से देखें तो कवि जिस रहस्य के प्रति समर्पित है, जिसे उसने अपना आत्मदान किया है—उस रहस्य के संसार को उसने स्वयं निर्मित किया है। इसलिए वास्तव में यह समर्पण अपने ही प्रति समर्पण है, यह आत्मदान अपने ही को देना है। वह अहं को खोता नहीं, उसे फिर से प्राप्त करता है, जिससे गैर-रोमांटिक दौर में कुछ देर के लिए ही सही लेकिन, बिछुड़ गया था। पूर्व अज्ञेय और उत्तर अज्ञेय में अन्तर सिर्फ इतना है कि यहां अहं को कवि ने 'अन्तर्-गुहा' से निकालकर उसके अपने रहस्य-वादी संसार में रख दिया है। इसलिए यह अहं से मुक्ति नहीं उसका स्थानांतरण मात्र है। और दोनों में ही जो बात समान है, वह यह कि सामाजिक-राजनीतिक परिदृश्यों का अभाव वहां भी है, यहां भी। इसी अभाव को उचित ठहराने के लिए 'अनुभूति के खरेपन' का सिद्धान्त गढ़ा गया है। इसीलिए मैं कह रहा था कि रोमांटिक कवि के पूर्व-काव्य और उत्तर-काव्य में कम-से-कम एक स्तर पर कोई भिन्नता नहीं होती।

अज्ञेय के प्रशंसक आलोचक डॉ० रामस्वरूप चतुर्वेदी उनके महत्त्व को एक गैर-रोमांटिक कवि के रूप में देखते हैं और यह स्थापना देते हैं—"अज्ञेय की सफल कविताएं अधिकतर वे हैं जिनमें रोमैंटिक दृष्टि या भावावेग की स्थिति नहीं है, या बहुत कम और समतुलित रूप में है। मुख्यतः ऐसी ही रचनाओं के आधार पर अज्ञेय के कवित्व का परीक्षण होना चाहिए।"[7] अपने इसी आग्रह के कारण चतुर्वेदी जी अज्ञेय की आरंभिक कविताओं को खारिज कर देते हैं, उसे शक्तिहीन और 'निष्क्रिय-सी भटकन' मानते हैं। अपनी बात को साबित करने के लिए उन्हें मुख्य रूप से सिर्फ 'हरी घास पर क्षण भर' काव्य-संग्रह का ही आश्रय लेना पड़ता है, उसमें से भी कुछ इनी-गिनी कविताएं ही उनकी मदद को आ पाती हैं। यदि हम चतुर्वेदी जी के दावे को सही मान लें तो अज्ञेय की अधिकांश कविताएं इस गैर-रोमांटिकता के अत्यन्त संकीर्ण घेरे के बाहर छूट जायेंगी—और सिर्फ अधिकांश ही नहीं अधिक महत्त्वपूर्ण कविताएं भी। प्रश्न उठता है कि 'द्वितीया', 'हेमन्त का गीत', 'भीतर जागा दाता', 'सागर-मुद्रा' श्रृंखला की अधिकांश कविताएं, जो कवि अज्ञेय की सर्वश्रेष्ठ उपलब्धियों में गिनी जा सकती हैं—उन्हें सिर्फ इसलिए दरकिनार कर देंगे कि ये गैर-रोमांटिक नहीं हैं? दूर जाने की जरूरत नहीं है, स्वयं 'हरी घास पर क्षण भर' काव्य-संग्रह में ऐसी बहुत-सी श्रेष्ठ कविताएं देखी जा सकती हैं, जो गैर-रोमांटिक नहीं हैं। उदाहरण के रूप में यहां 'पहला दौंगरा', 'सो रहा है झोंप', 'शरद' और 'दूर्वांचल' आदि उद्धरित की जा सकती हैं। क्या रामस्वरूप चतुर्वेदी जब उपर्युक्त स्थापना दे रहे थे तो उनकी पारखी नजर के सामने ये कविताएं नहीं आयीं या इन्हें विकट बाधा समझकर नजरअंदाज कर दिया। किन्तु, मुश्किलों से कब तक बचा जा सकता है? स्वयं चतुर्वेदी जी अपने इस दावे के प्रति बहुत आश्वस्त नहीं हैं, इसीलिए उन्हें 'या बहुत कम और समतुलित रूप में हैं'—जैसे वाक्य-खंड जोड़ने पड़ गये हैं। यहां इस वाक्य-खंड के द्वारा उन्होंने अपने लिए जितनी छूट ले ली है, उतने में तो किसी भी रोमांटिक कवि को गैर-रोमांटिक साबित करना सरल हो ही जाता है। किन्तु, इस स्थिति में चतुर्वेदीजी की गैर-रोमांटिकता को दूसरे लोग रोमांटिकता ही समझ बैठे तो इसमें दोष किसका होगा? चतुर्वेदीजी का या पाठकों का? एक अन्य स्थान पर वे थोड़ी ईमानदारी के साथ लिखते हैं—"अज्ञेय ने रोमांटिक भावबोध से अपने को सर्वथा मुक्त कर लिया हो, ऐसी बात नहीं है। 'भग्नदूत' और 'चिन्ता' की सपाट रचनाओं के बाद प्रायः सभी संकलनों में ऐसी कविताएं मिल जायेंगी जिनमें काव्य की सर्जनात्मकता रोमांटिक भाव-स्तर पर निष्पन्न हुई हैं।"[8] यहां एक बार यही यक्ष प्रश्न फिर उठ खड़ा होता है कि यदि अज्ञेय के सभी काव्य-संकलनों में रोमांटिक कविताएं मिलती हैं तो उनके महत्त्व का मूल्यांकन मात्र गैर रोमांटिक कविताओं के आधार पर ही क्यों किया जाय? और साथ ही क्या अज्ञेय

की लगभग संपूर्ण काव्य-यात्रा में रोमांटिक और गैर-रोमांटिक धाराएं समानान्तर रूप से चलती रही हैं ? तो क्या इस आधार पर अज्ञेय को विभाजित व्यक्तित्व का कवि मान लिया जाय ? क्या यह उचित होगा ? इन बातों से यह सिद्ध होता है कि रामस्वरूप चतुर्वेदी अज्ञेय को गैर-रोमांटिक कवि साबित करने के अपने दुराग्रह के कारण परेशानियों से घिर गये हैं और उनकी आलोचना अंतर्विरोधों का शिकार हो गयी है।

अज्ञेय को गैर-रोमांटिक साबित करने के जोश में चतुर्वेदी जी ने कुछेक बहुत ही लचर तर्कों का सहारा लिया है। जैसे वे यह तर्क देते हैं कि अपनी आरंभिक कविताओं के बाद अज्ञेय ने अतीत के सम्मोहन को नकार कर उससे मुक्ति पा ली है—" 'भग्नदूत' (1933), 'चिन्ता' (1942), और 'इत्यलम्' (1946) की कुछ निष्क्रिय-सी भटकन के बाद 'हरी घास पर क्षण भर' (1949) में अज्ञेय का वास्तविक कवि-रूप उभर कर आता है।···और कवि के विकसित होने वाले गैर-रोमांटिक भाव-बोध को स्पष्ट अभिव्यक्ति देता है। चार पंक्तियों की एक कविता है—

भोर बेला—नदी तट की घण्टियों का नाद।
चोट खाकर जग उठा सोया हुआ अवसाद।
नहीं, मुझको नहीं अपने दर्द का अभिमान
मानता हूं मैं पराजय है तुम्हारी याद ?

(पराजय है याद)

बिना किसी नाटकीयता का प्रदर्शन किये अतीत के सम्मोहन को नकार देना कवि के बदलते भाव-बोध का सूचक है।"[9] इसी संग्रह में एक कविता और संकलित है, जिसे चतुर्वेदी जी ने एक बार फिर से अनदेखा कर दिया—जिसका शीर्षक ही है 'मुझे सब कुछ याद है'—

प्यार लो मेरा—उसी में चांदनी है। उसी में तुम
उसी में बीते हुए सब प्यार भी हैं।
नहीं है तो मैं नहीं हूं—जो कि उन सबको कभी भूला नहीं हूं।
मुझे सब कुछ याद है।

सवाल उठता है कि पूर्वोक्त कविता यदि कवि के बदलते भाव-बोध का सूचक है तो क्या यह कविता उसके भाव-बोध के प्रत्यावर्तन का ? चतुर्वेदी जी ने इसी लेख में एक अन्य कविता उद्धृत करते हुए लिखा है, "प्रकृति, प्रणय और अतीत के सम्मोहन पर आधारित कुछ अधिक और अच्छी कविताएं 'बावरा अहेरी' (1954) में संकलित है। 'वसन्त-गीत', 'वसन्त की बदली', 'ये मेघ साहसिक सैलानी',

'वर्षान्त', 'वह नाम', 'वेदना की ओर', 'चांदनी जी लो' आदि रोमांटिक भाव-बोध की प्रामाणिक रचनाएं हैं। 'वहां रात' में तो रोमांटिसिज्म के उपर्युक्त तीनों तत्त्व एक साथ मिले हुए हैं, कविता का अन्त होता है—

कहा तो सहज, पीछे लौट देखेंगे नहीं—
पर नकारों के सहारे कब चला जीवन ?
स्मरण को पाथेय बनने दो :
कभी तो अनुभूति उमड़ेगी
प्लवन का सान्द्र घन भी वन ?"[10]

चतुर्वेदीजी की ईमानदारी सराहनीय है, किन्तु उनके इन अन्तर्विरोधी तर्कों के बारे में क्या कहा जाए ? स्पष्ट है कि वे असाध्य समस्याओं में फंस गये हैं। वास्तव में, उत्तर अज्ञेय की अधिकांश प्रेम कविताएं स्मृतियों के सहारे ही लिखी गई हैं, 'चिंता' का विषय भी अतीत का असफल प्रेम ही है—और अतीत का यही मोह कुछ हद तक 'इत्यलम्' और 'हरी घास पर क्षण भर' में भी देखा जा सकता है। अज्ञेय ने अपने उत्तर काव्य में दर्द से भीगे हुए, लेकिन स्पष्ट शब्दों में स्वीकार किया है—

रोज सवेरे मैं थोड़ा-सा अतीत में जी लेता हूं—
क्योंकि रोज शाम को मैं थोड़ा-सा भविष्य में मर जाता हूं।

इस आत्म-स्वीकार के बाद भी क्या यह सिद्ध करने की गुंजाइश बची रह जाती है कि अज्ञेय अतीत के सम्मोहन को नकार कर उससे मुक्त हो चुके हैं ?

अज्ञेय को गैर-रोमांटिक करार देने की प्रक्रिया में डॉ० राम स्वरूप चतुर्वेदी ने एक अन्य तर्क का बार-बार सहारा लिया है, वह है—मिजाज का ठण्डापन। चतुर्वेदीजी रोमांटिकता का संबंध आवेग या आवेश से जोड़ते हैं और गैर-रोमांटिकता को 'मिजाज के ठण्डेपन' से। 'कलगी बाजरे की' कविता का विश्लेषण करते हुए उन्होंने लिखा है, " 'वगैरह' का हलका और ठण्डा तिरस्कार समूचे अंश को भावात्मक स्तर पर एक साथ बांधता है। प्रगतिवादी कवि इस बात को बिना ललकारे कुछ नहीं कह सकता था। रोमांटिसिज्म से अलग मिजाज के ठण्डेपन का यह आभास पहली बार अज्ञेय में मिलता है, …"[11] मिजाज के जिस ठंडेपन के आधार पर यहां अज्ञेय को गैर-रोमांटिक साबित करने की कोशिश की जा रही है—मुझे लगता है कि उसक कारण गैर-रोमांटिकता नहीं है, बल्कि इसके स्रोत कहीं और छिपे हैं। अज्ञेय के उत्तर-काव्य में जहां यह ठण्डापन दिखाई पड़ता है, वहां वह अक्सर अनुभूति के ताप की कमी को सूचित करता है। मलयज ने ठीक लिखा है—"पर आगे चलकर प्रेम का अनुनव भावनागम्य न रहकर मस्तिकीय होता गया।"[12]

भावना या अनुभूति की यह कमी स्वभावतः कविता में आवेग नहीं बल्कि ठण्डेपन का अहसास कराती है। किन्तु, अनुभूति का यह चिंतन में बदलते जाना अज्ञेय के सामर्थ्य को नहीं बल्कि उनके रचनात्मक-क्षरण को दर्शाता है। इसीलिए, ऐसी कविताएं ठण्डी ही नहीं फीकी भी जान पड़ती हैं। पूर्व अज्ञेय में मिज़ाज का ठण्डापन 'हरी घास पर क्षण भर' की कविताओं तक सीमित है, उसमें भी सारी कविताएं इस घेरे में नहीं आतीं। यहां यह ठंडापन अज्ञेय की कलात्मक परिपक्वता के कारण है। अज्ञेय अब अनुभूतियों को पचाकर व्यक्त करने की कला में निष्णात हो गये हैं। इसलिए, वास्तव में यह ठंडापन नहीं है, बल्कि 'निरुद्वेग रचनाशीलता' है। रचनाशीलता की यह निरुद्वेग कलात्मक अभिव्यक्ति निराला के यहां भी देखी जा सकती है—

कुछ न हुआ, न हो।
मुझे विश्व का सुख, श्री, यदि केवल
पास तुम रहो?
मेरे नभ के बादल यदि न कटे
चन्द्र रह गया ढका,
तिमिर रात को तरकर यदि न अटे
लेश गगन भास का,
रहेंगे अधर हंसते, पथ पर; तुम
हाथ यदि गहो।[13]

यहां प्रेयसी से मिलन में भी अतिरिक्त उत्साह या आवेग का भाव दिखाई नहीं देता, सान्निध्य की अपेक्षा भर कवि को है। लगता है जैसे निराला का प्रेम और उनकी काव्य-कला—दोनों ही परिपक्वता की स्थिति में पहुंच गयी हैं। कविता की भाषा की फिज़ूल उपमाओं की जरूरत नहीं है और न ही प्रेम की गंभीरता को दिखाने के लिए आवेग की। किन्तु, क्या ऐसी कविताओं के बिना पर निराला को गैर-रोमांटिक मान लिया जाए? इसलिए, मिजाज के ठंडेपन के आधार पर अज्ञेय को गैर-रोमांटिक कवि मानने का तर्क उचित नहीं जान पड़ता। वैसे, अज्ञेय के उत्तर-काव्य में भी निरुद्वेग रचनाशीलता के कुछ अच्छे उदाहरण देखे जा सकते हैं, किन्तु ऐसी कविताओं की संख्या अधिक नहीं है।

अनुभूति की सत्यता और व्यापकता

अज्ञेय ने नयी कविता की विशेषता को 'अनुभूति सत्यता' और 'व्यापकता' के रूप में लक्षित किया है। यह 'अनुभूति सत्यता' अनुभूति के खरेपन का ही पर्याय है, जिसकी चर्चा हम पहले ही कर चुके हैं। अनुभूति की व्यापकता की अपनी

धारणा को स्पष्ट करते हुए अज्ञेय ने लिखा है, "···यही कारण है कि नयी कविता के प्रकृति-वर्णन में ऐसे दृश्यों का वर्णन अधिक होने लगा है जो किसी हद तक प्रादेशिकता से परे हो सकते हैं—जो प्रकृति-क्षेत्र की 'आत्यन्तिक' घटनाएं हैं—सूर्योदय, सूर्यास्त, बरसात की घटा, आंधी··इतनी ही नहीं, उसमें गोचर अनुभवों का विपर्यय भी अधिक होता है। यथा, 'दृश्य' को मूर्त' करने के लिए वह अनुभूति—'चित्र' हमारे सम्मुख लाता है उसका आधार दृष्टि (अथवा घ्राण) न होकर स्पर्श हो जाता है—अर्थात् वह दृश्य रहता ही नहीं। वसन्त के वर्णन में फूलों-कोंपलों का 'स्पष्ट' और 'स्फुट ब्यौरा' देने चलते ही एक प्रदेश अथवा क्षेत्र के साथ बंध जाना पड़ता है, और यही बात गंधों की चर्चा से होती, पर वसन्त को यदि केवल धूप की स्निग्ध गरमाई के आधार पर ही अनुभूति-प्रत्यक्ष किया जा सके तो प्रादेशिक सीमा-रेखाएं क्यों खींची जावें ?"[14] अनुभूति की व्यापकता की यह धारणा अज्ञेय के पूर्व-काव्य पर कम-से-कम लागू नहीं होती। यदि वसन्त की ही बात करें तो वह पूर्व अज्ञेय में 'दृश्य' और 'गंध' के माध्यम से ही अधिक आया है—'स्पर्श' के द्वारा कम। यहां जब वसन्त आता है तो शिरीष की वेणी बांधकर खड़ा हो जाता है, टेसुओं के टहटह लाल फूलों की आरती सजाकर पूरी वनस्थली उसके स्वागत में उपस्थित हो जाती है, कचनार की कली हंस पड़ती है और बबूल के रुइले फूल हवा पर तैरते हुए गिरते हैं···। यह सबकुछ मिलकर विविध रंगों और गंधों का एक पूरा संसार सामने लाकर खड़ा कर देता है। इस संसार का निर्माण मुख्य रूप से दृश्य और गंध के ही माध्यम से हुआ है, इसे स्पर्श के रूप में संवेदित नहीं किया गया है। यहां वसन्त का रंग-बिरंगा गंध से भरा सौन्दर्य ही चित्रित किया गया है, उसकी 'स्निग्ध गरमाई' पाठकों तक नहीं पहुंचती। जो बात यहां वसन्त ऋतु के बारे में सही है, वही पूर्व अज्ञेय के संपूर्ण काव्य के बारे में भी सत्य है। कीर प्रच्छन्न गगन का वक्ष चीरते हुए उड़ा जा रहा है, मन्दिर के भग्नावशेष पर कपोतों का एक जोड़ा प्रणय में लीन है—ये सबकुछ पाठकों के सामने दृश्य के रूप में ही आते हैं, स्पर्श के द्वारा नहीं। फिर प्रश्न उठता है कि अज्ञेय के उत्तर-काव्य में भी क्या यही स्थिति है, इस प्रश्न पर हम आगे उचित सन्दर्भ में विचार करेंगे।

अज्ञेय हमेशा विवादों और बहसों के घेरे में रहे। उनके व्यक्तिगत जीवन को लेकर जो विवाद होते रहे, वे अक्सर अरुचिपूर्ण हैं और कुछ लोगों की ओछी मानसिकता का परिचय देते हैं। उनके सम्बन्ध में जो साहित्यिक बहसें हुईं, उसमें पॉलेमिक्स अधिक है, जिसका एक अपना ऐतिहासिक महत्त्व हो सकता है—और है, किन्तु ये अज्ञेय की रचनाओं को समझने में बहुत मदद नहीं करते। अज्ञेय की कृतियों की आलोचना भी उनकी कोई साफ, तस्वीर पाठकों के सामने नहीं रखती—यहां भी भ्रमपूर्ण स्थिति का ही दर्शन होता है। यह प्रश्न बना ही रह

जाता है कि अज्ञेय की काव्य यात्रा की दिशा क्या है? उनका उत्तर-काव्य रचनात्मक-विकास को दिखाता है या रचनात्मक क्षरण को? या फिर इनका कोई मिला-जुला रूप है? आगे हम इन्हीं प्रश्नों पर अपना ध्यान केंद्रित करेंगे।

बहुत आरम्भ में ही अज्ञेय के रचनात्मक विकास की छानबीन करते हुए केदारनाथसिंह ने अपने लेख 'आरंभिक कविताएं' में लिखा था, "...इनसे 'अज्ञेय' के भीतर के उस आरम्भिक द्वन्द्व का संकेत मिलता है जो उनकी शुरू की कविताओं को एक गहरे स्तर पर प्रभावित करता जान पड़ता है। यदि यह द्वन्द्व उत्तरोत्तर रचना के स्तर पर अधिक तीव्र और गहन होता गया होता तो संभव है कि 'अज्ञेय' के काव्य का कलेवर ही कुछ और होता। पर ऐसा नहीं हुआ, और ऐसा क्यों नहीं हुआ, इसकी छानबीन स्वयं उनकी कविताओं के आधार पर की जा सकती है। यह एक खुले हुए व्यक्ति के बंद होते जाने की विडम्बनापूर्ण कहानी है, जो 'अज्ञेय' की शुरू की कविताएं खास तौर से कहती हैं"[15] किन्तु, यह 'बन्द होते जाना' यथार्थ पर से पकड़ का छूटना नहीं है। आगे इसे केदारनाथ सिंह ने स्पष्ट करते हुए ठीक लिखा है—"पर यह बन्द होना अनुभव के यथार्थ से कट जाना नहीं है बल्कि एक यातनाभरी चेतना है जो अनुभव के बिखरे हुए सूत्रों को पकड़ने की कोशिश करती है। इन अनुभवों में एक ताजगी है जो अक्सर नए शब्दों की तलाश, किसी अप्रत्याशित बिम्ब या दृश्य संकेत के रूप में प्रकट होती है"[16] अज्ञेय के उत्तर-काव्य में हुए इस परिवर्तन को मलयज ने भी बारीकी से पकड़ा है—"पहली नजर में पूर्व-अज्ञेय और उत्तर-अज्ञेय का कंट्रास्ट इतना प्रबल है कि लगता है दोनों की अपनी अलग-अलग दुनियाएं हैं—कहां वह सर्जनात्मक ऊर्जा में तनी हुई, अपने भीतर की गत्यात्मकता से चालित आत्मनिर्भर दुनिया जिसका प्रत्येक रचनात्मक स्फोट साहिसिक और पौरुषपूर्ण होता था, और कहां यह मम और ममेतर की बारीक जालियों-बुनी मानव अनुभूतियों को नसों में धड़काती नहीं दिमाग में सोचती और सोच-सोचकर विरक्त और फीकी होती जाती हुई दुनिया।"[17] ये बातें अज्ञेय के काव्य-विकास के बारे में सामान्य-रूप से सच हैं, किन्तु उनकी प्रकृति-सम्बन्धी कविताओं की स्थिति थोड़ी-सी भिन्न है। जरा एक विहंगम नजर डालें कि उत्तर-अज्ञेय में पूर्व-अज्ञेय से किस तरह का और कितना परिवर्तन आया है।

जो बात यहां सबसे पहले ध्यान आकृष्ट करती है, वह यह कि उत्तर-अज्ञेय की प्रकृति उतनी विविधताओं से सम्पन्न नहीं है। अज्ञेय के पूर्व-काव्य में तरह-तरह के फूल हैं—पलाश, शिरीष, बबूल, शेफाली, कचनार की कली, चम्पे की कली, कलगी बाजरे की आदि-आदि। पक्षियों का एक कलरव करता संसार है, जहां पौरुष से मदमदाता हारिल है, कीर है, कबूतर हैं, पपीहा है, कोयल है, चातकी है वगैरह-वगैरह। संवेदना का वैसा विस्तार भी यहां नजर नहीं आता। पूर्व-अज्ञेय

की काव्य-दृष्टि सड़क के किनारे एक तार पर बैठे दो अत्यन्त छोटे-छोटे पंछियों के जोड़े तक पहुंच जाती है, जो इस दुनिया से बेखबर अपने-आप में मस्त हैं। उसने कीर, हारिल, कबूतर और कौए जैसे पक्षियों पर कई-कई कविताएं लिखी हैं। इस तरह पूर्व-अज्ञेय की प्रकृति का संसार काफी समृद्ध है—यह विविध रंगों से उकेरी हुई और कलरवों से गुंजार दुनिया है। इसके फूल, पौधे और पक्षी सामान्य जीवन से ही लिए गए हैं और उसी के दृश्य-पटल पर चित्रित भी हैं। इसके बरक्स उत्तर-अज्ञेय की प्रकृति एकान्त और निर्जन किस्म की है—यहां अक्सर सागर का एकांत तट है या इक्के-दुक्के मानवों के साथ पहाड़ों पर की अपेक्षाकृत निर्जन वन्य-प्रकृति। फूलों का रंग-बिरंगा और गंध से भरा रूप एवं पक्षियों का कलरव गायब हो गया है। अज्ञेय की संवेदना सिमटकर 'सागर' और 'पहाड़' तक सीमित रह गयी है। पक्षी कभी आता भी है तो उसका कोई नाम नहीं होता, वह सिर्फ चिड़िया होती है, इसी तरह फूल आते भी हैं तो उनका कोई नाम नहीं होता, वे सिर्फ फूल होते हैं। और अक्सर कवि इनके माध्यभ से दार्शनिक वाक्-विलास करता है या रहस्य की कुहेलिका में 'खो' जाता है। अज्ञेय के उत्तर-कान्य में वह मस्ती और उल्लास भी नहीं दिखता, जो पूर्व-काव्य में विशेष रूप से वसन्त के आगमन पर नजर आता है। उत्तर-अज्ञेय को वसन्त से अधिक शरद प्रिय हो गया है। इस तरह उत्तर-अज्ञेय की प्रकृति का संसार सिमटा हुआ, एकांत और निर्जन किस्म का है—और 'पहली नजर' में पूर्व-अज्ञेय और उत्तर-अज्ञेय का 'कंट्रास्ट' बहुत प्रबल है। 'एक खुले हुए व्यक्ति के बन्द होते जाने की बिडम्बनापूर्ण कहानी' भी यहां स्पष्ट देखी जा सकती है। दार्शनिकता और रहस्यवाद का प्रभाव भी 'चिड़िया', 'फूल' और कुछ हद तक 'सागर' पर लिखी कविताओं पर लक्षित किया जा सकता है।

किन्तु, इसका अर्थ यह नहीं है कि अज्ञेय का प्रकृति-प्रेम कुछ कम हो गया है या यथार्थ पर से उनकी पकड़ छूट गयी है। सच तो यह है कि उत्तर-अज्ञेय जिस रचनात्मक-क्षरण का शिकार होता है उसका बहुत कम प्रभाव उनकी प्रकृति-सम्बन्धी कविताओं पर नजर आता है। यहां उसे 'अनुभव के बिखरे हुए सूत्रों को पकड़ने की यातना भरी चेतना' से भी गुजरने की जरूरत नहीं पड़ती। अज्ञेय के प्रकृति-बोध ने सिर्फ एक मोड़ ले लिया है—फूल, पौधे और पक्षी की जगह पर सागर और पहाड़ आ गये हैं—इस तरह उसका सिर्फ रूप बदला है, सौन्दर्य और महत्त्व फिर भी बना हुआ है। किसी को इस बात पर एतराज हो तो उदाहरण के रूप में 'सागर-मुद्रा' श्रृंखला और 'नन्दा-देवी' श्रृंखला की कविताएं तथा शरद ऋतु पर लिखी कविताएं सामने रखी जा सकती हैं। उत्तर-अज्ञेय की प्रकृति कहीं से फीकी नहीं है। यहां सागर का विराट-सौन्दर्य है, उसकी तरंगोर्मियों पर नृत्य करती सूरज की किरणें हैं, मदमस्त सागर लड़खड़ाता हुआ किनारे की ओर

बढ़ता है. बादलों से छाया हुआ आसमान कभी-कभी भंवें कसता हुआ सागर पर झुक आता है तो सागर सिहर उठता है। पहाड़ पर भेड़ों को टेरती गड़रिये की तान में आस की गमक है, चीड़ के पेड़ नन्दा-देवी की आरती उतारते रहते हैं, और नन्दा की भुजाओं को बादलों के बीच से खुलते हुए और उसके विशद वक्ष को धूप की धाराओं से धुलते हुए देखने का भी एक अनिवर्चनीय सुख है। इन सबके साथ उत्तर-अज्ञेय की प्रकृति का संसार शारदीय चांदनी में नहाया हुआ है और कवि आग्रह करता है—'शरद चांदनी बरसी अंजुरी भर कर पी लो'। पूर्व-अज्ञेय के समान यहां रंगों की इन्द्रधनुषी छटा भले ही न हो, उत्तर-अज्ञेय की प्रकृति रंग-हीन नहीं है। वह सौम्य रगों से बनी है। शरद की चांदनी का रंग, सागर का नीला रंग, उसकी लहरों पर नृत्य करता सूर्य की किरणों का तांबई रंग और नन्दा के विशद वक्ष पर छाये हिम-नवनीत का रंग—इन्हीं रंगों से उत्तर-अज्ञेय की प्रकृति का संसार निर्मित हुआ है। किन्तु, जो बात उत्तर-अज्ञेय के प्रकृति-चित्रण को सबसे अधिक महत्त्वपूर्ण बनाती है, वह है 'नन्दा देवी' शृंखला की कविताओं में रची-बसी आधुनिक-बोध की पीड़ा। यह अहसास कि कवि आज प्रकृति के जिस सौन्दर्य को जी भरकर अनिवर्चनीय आनन्द से निहार रहा है, वह आधुनिक मशीनी सभ्यता के विकास के कारण शायद न रहेगा। प्रकृति और मानव का सामंजस्य सदा के लिए टूट जायेगा। यह बोध नन्दा-देवी की कविताओं को 'ट्रेजिक' स्वर प्रदान करता है। इस प्रकार अपने प्रकृति-काव्य में उत्तर-अज्ञेय की संवेदना का विस्तार यदि सिमटा है, और इस तरह उसने बहुत कुछ खोया है तो इसके साथ ही बहुत कुछ महत्त्वपूर्ण अर्जित भी किया है। यही बात प्रकृति के सिवा उनकी अन्य, कविताओं पर लागू नहीं होती—वहां रचनात्मक-क्षरण ही अधिक दिखाई पड़ता है—सर्जनात्मक-अर्जन नहीं के बराबर। इस परिप्रेक्ष्य में मैं यह कहना चाहूंगा कि अज्ञेय के उत्तर-काव्य में उनकी प्रकृति-संबंधी कविताए ही अधिक श्रेष्ठ हैं।

अज्ञेय के उत्तर-काव्य में ही आकर हमें यह भी देखने को मिलता है, कि कैसे उनकी 'अनुभूति की व्यापकता' संबंधी धारणा सार्थक और रचनात्मक रूप ले रही है। अज्ञेय की अनुभूति के विस्तार का सिमटकर सागर और पहाड़ तक सीमित हो जाना, जैसे इसी धारणा का परिणाम भी है और कारण भी। क्योंकि सागर और पहाड़ 'प्रादेशिकता से परे' हैं। पीछे हम यह देख चुके हैं कि 'फूल' और 'चिड़िया' भी जातिवाचक रूप में ही आये हैं, अपने अलग-अलग नामों के साथ नहीं। ऋतुओं में यहां मुख्य रूप से शरद और हेमन्त आया है—और ये पाठकों तक मुख्य रूप से 'स्पर्श' के माध्यम से संवेदित होते हैं। इसका श्रेष्ठ उदाहरण 'उन्मत' कविता है, जहां प्रकृति के सौन्दर्य का देशज नहीं 'प्रादेशिकता से परे' रूप ही सामने लाया गया है—

सूंघ ली हैं सांस भर-भर
गंध मैंने इस निरन्तर
खुले जाते क्षितिज के उल्लास की,
....

पी गया हूं अधिक कुछ मैं
स्निग्ध सहलाती हुई-सी
धूप यह हेमन्त की,
आज मुझको चढ़ गयी है
यह अथाह अकूल अपलक
नीलिमा आकाश की।
मत छुओ, रोको, पुकारो मत मुझे,
जहां मैं हूं वहां से मत उतारो—
मुझे कुछ मत कहो।

इस कविता में खुलते जाते क्षितिज का उल्लास है, स्निग्ध सहलाती हुए-सी हेमन्त की धूप है और अथाह अकूल अपलक आकाश की नीलिमा है—ये सभी अनुभूति की व्यापकता को सार्थक रूप प्रदान कर रहे हैं। उत्तर-अज्ञेय में शरद ऋतु के सौन्दर्य का चित्रण भी स्निग्ध और शीतल चांदनी या तारों भरे आकाश में भार-मुक्त से तिर जाते पंछी के माध्यम से अधिक है, जो दुनिया के किसी भी हिस्से में रहने वाले मानव तक आसानी से संप्रेषित हो जा सकते हैं। पर कुछेक कविताएं ऐसी भी हैं, जिन पर 'व्यापकता' की धारणा सुविधा से लागू होती प्रतीत नहीं होती, जैसे 'नन्दा' शीर्षक कविता—

चीड़ की पत्तियां
तमिया गयी हैं
छोरों पर—
(बस आग की फुनगी-सी
पीतिमा कोरों पर)—
डालें मुड़-मुड़कर
ऊपर को जाती-सी
हवा के झोंके साथ
मंडल बनाती-सी
चीड़ : दीप लक्ष्मी

निर्जन में
नन्दा की
आरती उतारती

यहां चीड़ के पेड़ों द्वारा नन्दा देवी पर्वत की आरती उतारने की जो विलक्षण कल्पना कवि ने की है, वह तब तक अपने संपूर्ण सौन्दर्य के साथ पाठकों तक संप्रेषित नहीं हो सकती, जब तक कि पाठकों ने चीड़ के पेड़ को न देखा हो। संप्रेषण का माध्यम भी यहां 'दृश्य' ही है 'स्पर्श' नहीं। किन्तु, ऐसी कविताएं अपवाद ही हैं, कोई समानान्तर नियम नहीं। 'अनुभूति की व्यापकता' के परिप्रेक्ष्य में यह बात स्मरणीय है कि अज्ञेय ने यह लेख 'रूपाम्बरा' की भूमिका के रूप में 1960 में लिखा था। कहा जा सकता है कि उत्तर-अज्ञेय के प्रकृति-चित्रण के स्वरूप में जो बदलाव आया—उसे ही आलोचना के स्तर पर इस लेख में अभिव्यक्ति मिली है। 'व्यापकता' की यह धारणा अज्ञेय को खास अर्थ में अधिक आधुनिक बनाती है। क्योंकि यहां कवि अपने पाठक-वर्ग को किसी विशेष देश के नागरिक तक सीमित करके नहीं देख रहा है, बल्कि उसके सामने इस संपूर्ण दुनिया का मानव है। यह बात आधुनिक विज्ञान के विकास के कारण ही संभव हो पायी है, जबकि पूरी दुनिया एक कॉमन घर में बदल गई है—इस बात की चर्चा मैंने अपने पहले अध्याय में की है। यहां मैं सिर्फ यह और कहना चाहूंगा कि उत्तर-अज्ञेय ने सामान्य रूप से रचनात्मक-क्षरण के बावजूद अपने प्रकृति-काव्य में यह एक और नयी उपलब्धि अर्जित की है।

ऐसा कोई घर आपने देखा है : एक घर की आत्मीयता

अज्ञेय की काव्य-यात्रा के बिल्कुल अंतिम दौर में, विशेष रूप से उनके अंतिम काव्य-संग्रह 'ऐसा कोई घर आपने देखा है' में बहुत-सी सूक्ति रूप में लिखी हुई कविताएं मिलती हैं। ये कविताएं जैसे अज्ञेय के कुछ पुराने भाव-बोध का, जो उनकी कविताओं में बार-बार आयी हैं—निचोड़-सा प्रस्तुत करती हैं। उनकी पिछली कविताओं से जुड़कर एक नये आलोक से दीप्त हो उठती हैं और अज्ञेय के पाठकों को एक नयी अनुभूति का—आत्मीय-सा अहसास करा जाती हैं। कभी-कभी ये छोटी-छोटी कविताएं भाष्य-सा जान पड़ती हैं, जो पुरानी कविताओं के भाव-बोध को और भी स्पष्ट कर जाती हैं या उसे समझने की एक नयी कूंची थमा जाती हैं। 'तुम मत बोलना' कविता में कवि लिखता है—

मालती की गंध
बोलेगी
तुम अभी मत बोलना

कह गयी है जो पपीहा
उस व्यथा की
परत तुम मत खोलना
....

तुम भी इसी में
उमड़ता अनल वक्ष घोलना
उठेगी उसमें लहर फिर
तुम उसी पर डोलना—
मत फैलना ! मत बोलना !

ये पंक्तियां सन् 1957 में लिखी गयीं 'दाता और भिखारी' कविता का स्मरण करा जाती हैं। जहां 'चुपचाप' खिलते फूल की तुलना 'दाता' से और तड़फड़ाती, रोर करती मधुमक्खियां और भौंरे की तुलना 'भिखारी' से की गयी है। कविता के अंत में वह लिखता है—

भिखारी सब
बजाते गाल, बगलें
फाड़ते आकाश ?
सकुचता, सहमता, चुपचाप
पथ से गुजरता दाता ।

दोनों ही कविताओं में जो बात कवि समान रूप स कह रहा है वह यह कि बेवजह बढ़-चढ़कर नहीं बोलना चाहिए—यह व्यक्तित्व के खोखलेपन या भिखारी-पन को दर्शाता है—जबकि 'मौन' का भी एक अपना सौन्दर्य होता है, इस तरह 'तुम मत बोलना' कविता मितभाषी अज्ञेय के व्यक्तित्व की भी कई परतें हमारे सामने आत्मीयता से खोल जाता है। एक अन्य कविता 'उमड़ मेघ' के 'आशिष' की तुलना 'पहला दौंगरा' की 'असीसें' से की जा सकती है। यहां का 'आशिष' शब्द 'असीस' को समझने के लिए एक कुंजी पाठकों के सामने छोड़ जाता है—और तब वहां का 'असीस' शब्द की गहरी व्यंजना कुछ अधिक स्पष्ट हो जाती है, " 'नदी के द्वीप' में रेखा के इस प्रसिद्ध वाक्य की तुलना में—'आइ एम फुलफिल्ड' ।" स्वयं अज्ञेय को अपनी इन नयी कविताओं का अपनी ही पुरानी कविताओं के साथ इन अन्तः सम्बन्धों का अहसास है। 'ऐसा कोई घर आपने देखा है' संकलन में ही एक कविता है—'यह कविता मैंने इस दिन'—इसमें कवि उपर्युक्त बात को ही स्वीकार-सा करता प्रतीत होता है—

यह कविता मैंने । उस दिन
वहां
आपको सुनायी थी
किस दिन, कहां
यह मुझे स्वयं भी याद नहीं
पर 'उस दिन वहां'
यह कहकर
मैं आपसे नाता जोड़ता हूं

'ऐसा कोई घर आपने देखा है' संग्रह की कविताएं एक आत्मीयता का-सा भाव लिए हुए हैं। लगता है जैसे कवि पाठकों से बहुत आत्मीय ढंग से बात कर रहा हो। अपनी इसी टोन के कारण यह संग्रह अज्ञेय के पिछले सभी काव्य-संग्रहों से अलग और विशिष्ट बन पाया है।

सागर बनाम पहाड़ : आधुनिक-बोध की पीड़ा

अज्ञेय के संदर्भ में सागर बनाम पहाड़ का भी विवाद रहा है। यह प्रश्न उठाया जाता रहा है कि अज्ञेय की काव्य-यात्रा पहाड़ से सागर की ओर है या सागर से पहाड़ तक? रामकमल राय ने अज्ञेय पर लिखी पुस्तक का नाम ही 'शिखर से सागर तक' रखा है। पहाड़ का उत्तुंग शिखर व्यक्ति के अहं का प्रतीक माना जाता है, जबकि सागर इस जीवन का प्रतीक है, मृत्यु का भी और इस जीवन और मृत्यु से जो कुछ परे है उसका भी। स्वयं अज्ञेय ने उसे 'ओ महाकाल', 'ओ जीवन' कह-कर संबोधित किया है और एक अन्य स्थान पर लिखा है—सागर/ओ आदिम रस जिसमें समस्त रूपाकार/अपने को रचते हैं,/जिसमें जीवन आकार लेता है, बढ़ता है, बदलता है...। इस तरह सागर इस संसार ही नहीं बल्कि पूरे ब्रह्मांड का प्रतीक है। मानव की अपने अलग अस्तित्व की चेतना ही उसमें अहं भाव को जन्म देती है। इस सभ्यता के विकास के पूर्व एक ऐसी स्थिति थी जब मानव भी अन्य जानवरों के समान इस पूरे ब्रह्मांड या प्रकृति के साथ एकाकार था। तब उसके लिए जीवन और मृत्यु में कोई भेद नहीं था। अपने अलग अस्तित्व के भान के साथ ही इस सभ्यता का विकास संभव हुआ—और इसके साथ ही जीवन और मृत्यु से संबंधित मूल-वृत्तियों का भी जन्म हुआ। किन्तु, अब अलग होकर भी मानव अपनी पुरानी स्थिति में लौटना चाहता है। यह प्रवृत्ति ही उसमें अहं के विसर्जन या आत्मदान का भाव जगाती है। पर विडम्बना यह है कि ऐसा करने में वह सफल नहीं हो पाता। बहरहाल, इस विवेचन से इतना तो स्पष्ट हो ही जाता है कि चूंकि सागर संपूर्ण प्रकृति का प्रतीक है, इसलिए उससे प्रेम का अर्थ है—आत्मदान

की कामना। कम-से-कम अज्ञेय के काव्य में इसका यही अर्थ है। उन्होंने अपनी एक कविता में लिखा भी है—'सागर को प्रेम करना/मरण की प्रछन्न कामना है ?' अहं से मुक्ति की इच्छा एक खास अर्थ में मृत्यु की ही तो कामना है। क्योंकि बिना अपने 'अस्तित्व' को मिटाये अहं से पूरी तरह मुक्ति संभव ही नहीं है। इसलिए जीवित रहते किसी भी व्यक्ति के लिए संपूर्ण आत्मदान असंभव है।

हम पीछे अज्ञेय की आरंभिक कविताओं के विश्लेषण के संदर्भ में यह देख आये हैं कि पूर्व-अज्ञेय का अहं पहाड़ की तरह विशाल है। आत्मदान की आकांक्षा उसमें आरम्भ से ही है, पर उसका अहं अक्सर टकराव की स्थिति पैदा करता है—और इस तरह वह अपना आत्मदान करने में असफल रह जाता है—उसकी स्थिति 'नदी के द्वीप' जैसी होकर रह जाती है। उत्तर-अज्ञेय में और विशेषकर 'आंगन के पार द्वार' में एक बड़ा परिवर्तन घटित होता है। ऐसा लगता है जैसे उसने अपने अहं से मुक्ति पा ली हो और अपने सर्जनात्मक-वैज्ञानिक रहस्यवाद के प्रति पूर्णतः समर्पित हो गया हो। मैंने पीछे इस बात की भी विस्तार से चर्चा की है कि कैसे पहली नजर में दिखाने वाला यह आत्मदान वास्तव में आत्मदान नहीं बल्कि अहं का स्थानान्तरण मात्र है। कमोवेश यही बात पहाड़ और सागर के सन्दर्भ में भी लागू होती है।

अज्ञेय ने 'भवन्ती' में अपने सागर और पहाड़ के प्रति प्रेम की चर्चा करते हुए लिखा है—"सागर मुझे बहुत अच्छा लगता है। पहाड़ भी मुझे अच्छे लगते हैं। कभी जब फुरसत में कहीं बसने के दिवा-स्वप्न देखता हूं, तो सोचता हूं कि कहीं सागर तट पर रहूं जहां घण्टों सागर की हलचल देखता रहूं, फिर एकाएक सोचता हूं कि तब क्या पहाड़ छोड़ दूंगा ? नहीं पहाड़ तो कभी नहीं छोड़ सकता—पहाड़ ही पर रहूंगा, समुद्र पर जब-तब चला जाया करूंगा।"[18] अज्ञेय के मन में सागर और पहाड़—दोनों के प्रति लगाव इतना गहरा है कि उसके लिए किसी एक पक्ष में निर्णय लेना यहां संभव नहीं हो पाता। अज्ञेय के पूर्व काव्य में पहाड़ ही बार-बार आते हैं—'अन्तिम आलोक' 'गोप-गीत', 'कृत बोध', बीर बहू', 'दूर्वांचल' आदि। यहां सागर पर लिखी सिर्फ एक कविता मिलती है—'सागर के किनारे'। अज्ञेय के पूर्व-काव्य में 'पहाड़' की यह अधिकता, पूर्व-अज्ञेय के इस काव्य-व्यक्तित्व के मेल में ही है, जिसका पहाड़ जैसा अहम् बार-बार 'पर' के साथ टकराव की स्थिति पैदा करता है। जबकि सागर पर लिखी अपनी दूसरी ही कविता में कवि आत्मदान की बलबती कामना अभिव्यक्त करता है—

जिधर से आ रही है लहर
अपना रुख उधर को मोड़ दो :
नदी सागर की माता है, भगिनी है पवन की,
उसे मिलने दो ललककर लहर से :

वहीं उसको जय मिलेगी तो मिलेगी
या मिलेगी लय, असंशय
तुम तरी को छोड़ दो बहती लहर पर।

यहां 'तरी' और 'सागर' क्रमशः मानव और प्रकृति के प्रतीक हैं। कवि स्पष्ट स्वर में कहता है कि तरी को सागर से ललककर मिलने दो, उसी में उसकी जय है—मुक्ति है। कहने की जरूरत नहीं कि तरी की यह ललक ब्याज रूप में कवि के आत्मदान की अपनी तीव्र इच्छा को भी व्यंजित कर जाती है। किन्तु, अज्ञेय की ट्रेजडी यह है कि अपनी इस ललक के बावजूद वे सागर के साथ एकाकार नहीं हो पाते। अपना आत्मदान नहीं कर पाते। यह विफलता कवि को कहीं गहरे तोड़ देती है। अपने आत्मदान के अनथक प्रयास के बाद अब पिछले 'पहाड़' वाली स्थिति में भी लौटना संभव नहीं हो पाता क्योंकि इस तरह से पहली स्थिति में पूरी तरह लौट पाना न तो किसी व्यक्ति के लिए संभव है न ही इतिहास के लिए। इस क्रूर सच्चाई से जब उसका सामना होता है तो वह करुणा-विगलित स्वर में पुकार उठता है—

यों मत छोड़ दो मुझे, सागर,
कहीं मुझे तोड़ दो, सागर,
कहीं मुझे तोड़ दो?
... .
मुझको और मुझको और मुझको
कहीं मुझमें जोड़ दो?
यों मत छोड़ दो मुझे, सागर,
यों मत छोड़ दो

ये मार्मिक पंक्तियां कवि की व्यथा का प्रमाण हैं। यही नहीं 'सागर-मुद्रा' की अधिकांश कविताओं में यह बात देखी जा सकती है कि कवि सागर से मिल नहीं पाता, वह अकेला तट पर खड़ा है और उधर सागर गरजता हुआ अपनी धुन में बह रहा है—इधर कवि का 'मन रोता रहा'। इसी कारण से इन कविताओं में सागर से एकाकार होने की यह प्रबल आकांक्षा भी व्यक्त नहीं हुई है।

इस तरह अंत में अज्ञेय न तो सागर से मिल पाते हैं और न पहाड़ को ही पूरी तरह अपना पाते हैं—दोनों के बीच संतुलन बनाने की कोशिश में झूलते रहते हैं। यहां अज्ञेय का 'भवन्ती' से पूर्व-उद्धरित कथन याद आ जाता है—'सागर मुझे बहुत अच्छा लगता है। पहाड़ भी मुझे अच्छे लगते हैं' पसन्द के मामले में जोर सागर पर है, पर वह दो में से कोई एक नहीं चुन पाता और अन्त में यह निर्णय लेता है कि वह अपना घर तो पहाड़ पर ही बनायेगा, 'समुद्र पर जब तब चला

जाया' करेगा। दूसरे शब्दों में कहें तो कवि अपने अहं को छोड़ना नहीं चाहता, किन्तु आत्मदान की प्रबल इच्छा के कारण वह बार-बार सागर तक आने के लिए मजबूर है। विकट विडम्बना है। इसलिए सतह के ऊपर तो यह दिखता है कि अज्ञेय की यात्रा शिखर से सागर तक है, पर वैसा है नहीं। वह चलता तो पहाड़ से सागर की ओर है, किन्तु सागर तक पहुंच नहीं पाता—बीच में ही उसे पहाड़ का मोह घेर लेता है। फिर दोनों के बीच वह संतुलन की तलाश में त्रिशंकु की भांति डोलता रहता है। यही कारण है कि अज्ञेय के उत्तर-काव्य में सागर और पहाड़—दोनों पर प्रभूत मात्रा में कविता लिखी गयी है। संक्रमण के इसी बिन्दु पर मलयज ने तीसरे अज्ञेय की तलाश की है और उसे पंडित नेहरू से जोड़ा है। किन्तु क्या मैं यह कहने का साहस करूं कि अज्ञेय की यह विडम्बना आधुनिक-बोध की विडम्बना है। मानव चाहता तो है कि वह इस समाज के क्रूर यथार्थ से ऊपर उठे पर ऐसा नहीं कर पाता। जब वह ऊपर उठने का संकल्प लेता है, तो इस संसार का मोह उसे घेर लेता है। और तब संतुलन बनाने की कोशिश में उसका एक हाथ ऊपर की ओर उठा रह जाता है और दूसरा हाथ नीचे की ओर।

आधुनिक-बोध की पीड़ा : नन्दादेवी श्रृंखला की कविताएं

आधुनिक-बोध की पीड़ा एक-दूसरे स्तर पर 'नन्दादेवी' श्रृंखला की कविताओं में भी अभिव्यक्त हुई है। ये कविताएं अज्ञेय ने अपने कवि-कर्म के लगभग अंतिम दौर में लिखी हैं। इसके पूर्व तक हम कवि के प्रकृति से आत्यंतिक लगाव और इस लगाव के फलस्वरूप उसके द्वारा उद्घाटित किए हुए प्रकृति के नानाविध रूपों और मोहक सौन्दर्य से ही परिचित हो पाते हैं। पर यहां दूसरा ही दृश्य है—नीचे घाटी में 'नये ध्वनि यंत्र हैं, भट्ठी से उठे धुएं का फन्दा' है और उसके डर से नदी की वत्सल कोहनी में घिरे शिशु-धान सिहर रहे हैं। इस श्रृंखला की कविताओं में एक ओर आधुनिक मशीनी-संस्कृति के आक्रमण का चित्रण है तो दूसरी ओर पहाड़ी-प्रदेश के प्राकृतिक-सौन्दर्य के कुछ अनुपम चित्र उकेरे गये हैं। ये दोनों दृश्य एक-दूसरे के विरोध में खड़े होकर एक ट्रेजिक दृश्य की सृष्टि करते हैं। इसे देखकर मन एक अजीब पीड़ा से भर जाता है, लगता है यह सारा कुछ जो इतना सुन्दर है—हमसे शायद हमेशा-हमेशा के लिए विदा ले रहा है। यहां अज्ञेय के प्रकृति-बोध पर निर्मल वर्मा की टिप्पणी बहुत सही जान पड़ती है—"यह महज एक लिरिकल उच्छ्वास नहीं है, यह एक ऐसी मर्मज्ञ आधुनिक दृष्टि है जिसके पीछे 'खोने की पीड़ा' भी छिपी है, यह तीखा-बोध, कि जिस युग और दुनिया में हम रह रहे हैं, उसमें लय का यह नैसर्गिक स्पन्दन, इस स्पन्दन को देखने वाली दृष्टि धीरे-धीरे धुंधलाती जा रही है। यहीं खास इस बिन्दु पर 'आधुनिक मशीनी संस्कृति' के प्रति एक बुद्धिजीवी की वितृष्णा और पीड़ा सार्थकता प्राप्त करती है। अज्ञेय का

प्रकृति-बोध इस दृष्टि से छायावादी बोध से बहुत अलग है—वह पहाड़ों को देखकर मुग्ध होते हैं, तो नीचे जंगल में पेड़ों के कटने का आर्तनाद भी सुनते हैं, बल्कि यूं कहें, कि यह कटने का बोध उन्हें प्रकृति के लगाव में 'एंगुइश', एक गहरी दरार अंकित कर जाता है। उनकी कविताएं अपने प्रतिद्वन्द्वी रूपकों के बीच एक तरह से 'क्रॉस रेफरेन्स' बन जाती हैं—सचेत अन्तर्मुखी आधुनिकता और प्राकृतिक सौन्दर्य के बीच।"[19] यहां आकर अज्ञेय का पूरा प्रकृति-काव्य एक नये आलोक से आलोकित हो उठता है—एक नयी सार्थकता और महत्त्व अर्जित करता है। कल्पना कीजिए, आज से सौ वर्ष बाद यदि प्रकृति सचमुच सदा के लिए विदा ले लेती है या इस रूप में वह नहीं जाती है, जिस रूप में वह आज है तो अज्ञेय के काव्य में धरोहर के रूप में सुरक्षित यह प्रकृति कितनी महत्त्वपूर्ण हो जाएगी?

स्पष्ट है कि अज्ञेय अपने प्रकृति-बोध में बहुत ही आधुनिक हैं। उनकी प्रकृति सम्बन्धी चिन्ताएं आज के इन्वेरीमैंटलिस्ट नेताओं के विचारों से अद्भुत समानता रहती है। नन्दादेवी श्रृंखला की दूसरी कविता में उन्होंने लिखा है—

वहां दूर शहर में
बड़ी भारी सरकार है
कल की समृद्धि की योजना का
फैला कारोबार है,
और यहां
इस पर्वतीय गांव में
छोटी-से-छोटी चीज की भी दरकार है,
आज की भूख-बेबसी की
बेमुरव्वत मार है।

सुन्दरलाल बहुगुणा भी यही तर्क देते हैं कि नितांत निर्धन टिहरी की प्राकृतिक सम्पदा का दोहन कर यह 'बड़ी भारी सरकार' पहले से समृद्ध प्रदेशों को और भी समृद्ध बनाने की योजना बना रही है—"महज हिमालय में एक विशाल योजना बनाकर 300 कि०मी० दूर दिल्ली में घरेलू उपयोग के लिए तथा सिंचाई साधनों से सम्पन्न पश्चिमी उत्तर प्रदेश में सिंचाई के लिए इस पानी के निर्यात की योजना है। योजना आयोग, जो क्षेत्रीय विषमताओं को दूर करने का ढिंढोरा पीटता है, सबसे गरीब क्षेत्र (अन्तर्राज्यीय और अन्तर्जिला आय-अन्तर रिपोर्ट 1956, जिसे राष्ट्रीय व्यावहारिक आर्थिक अनुसन्धान परिषद ने तैयार किया था) के समाधान का निर्यात देश के सबसे अधिक सम्पन्न क्षेत्र में कर रहा है। कमी वाले पर्वतीय गांवों को पीने और सिंचाई के लिए पानी पहुंचाने के बजाय टिहरी बांध बनानेबाले निर्लज्ज होकर दिल्ली को गंगा-जल पहुंचाने का आश्वासन

देते हैं। 6.04 लाख हेक्टेयर पहले से ही सिंचित भूमि को 2.71 लाख हेक्टेयर नई भूमि को सिंचाई के लिए पानी पहुंचाना चाहते हैं, जिससे धनी किसान व्यापारिक फसलें पैदा कर सकें।"[20] एक तरफ यह आर्थिक दोहन है और दूसरी ओर 'आधुनिक मशीनी संस्कृति' का हमला है, जिसके कारण लोक-संस्कृति के सामने खतरा पैदा हो गया है—

कुछ भूख, कुछ अज्ञान, कुछ लोभ में
अपनी सम्पदा हम रहे हैं खोते।
जिन्दगी में जो रहा नहीं
याद उसकी
बिसूरते लोक गीतों में
कहां तक रहेंगे संजोते ?

जब प्राकृतिक सम्पदा ही नहीं रहेगी तो उससे जुड़े लोकगीत भी धीरे-धीरे बिसरा ही दिये जायेंगे। 'आधुनिक मशीनी संस्कृति' का हमला एक दूसरे रूप में अधिक प्रत्यक्ष और आक्रामक है—जिसकी विस्तार से चर्चा अज्ञेय ने अपनी पुस्तक 'अरे यायावर रहेगा याद' के एक लेख 'मौत की घाटी' में किया है। आधुनिक सभ्यता की संस्कृति में दीक्षित लोग वहां पहुंचकर अपनी गंदी मानसिकता और रोग के जीवाणु फैलाते हैं और ऊपर से उन्हें आधुनिक सुसंस्कृत बनाने का दम भरते हैं।[21] डॉमिनेट कल्चर या पॉवर कल्चर का छोटी-छोटी संस्कृतियों पर यह हमला आज के बुद्धिजीवियों के बीच चिन्ता का गंभीर विषय बना हुआ है—अज्ञेय अपने रचनात्मक-जीवन के आरंभ से इन प्रश्नों पर एक सहयोगी की भूमिका में नजर आते हैं। इधर सुन्दरलाल बहुगुणा भी इन्हीं तर्कों के आधार पर संघर्ष कर रहे हैं—"इस प्रकार बड़े बांध-जलाशयों से लाभ केवल संपन्न वर्गों को मिलता है और इसकी कीमत चुकानी पड़ती है सबसे गरीब लोगों को, जो बेघरबार हो जाते हैं। सबसे अधिक उपजाऊ घाटियां डूब जाती हैं और इन सबसे अधिक एक इतिहास, संस्कृति, बहुमूल्य परम्पराएं और स्मारक समाप्त हो जाते हैं।"[22]

पीछे मैंने यह प्रश्न उठाया था कि सचमुच अब सौ वर्षों बाद मानव से सदा के लिए प्रकृति विदा ले लेगी तो अज्ञेय के काव्य में चित्रित प्रकृति का धरोहर के रूप में महत्त्व कितना बढ़ जायेगा। सच यह है कि जिस दिन प्रकृति अलविदा कहेगी उस दिन मानव के अस्तित्व का भी लोप हो जायेगा। कभी-कभी भय भी शक्ति देता है। अपने अस्तित्व के मिटने का यही भय आज तमाम पर्यावरण सम्बन्धी आन्दोलनों को नयी शक्ति प्रदान कर रहा है। इसी भय ने 3 जून 1992 को रिओ में 150 देशों के शासनाध्यक्षों को पर्यावरण पर एक विशाल सम्मेलन में आपसी बातचीत के लिए आने—और इस प्रश्न पर गंभीरता से सोचने के

लिए मजबूर कर दिया। यूरोप और अमेरिका में यह एक शक्तिशाली आंदोलन का रूप ले चुका है, भारत में भी यह 'टिहरी बचाओ' और 'सुवर्ण रेखा बचाओ' आन्दोलन के रूप में नयी शक्ति और ऊर्जा ग्रहण कर रहा है। लेकिन, यह तो सिर्फ शुरुआत है; अभी संघर्ष का एक लम्बा रास्ता तय करना बाकी है। संघर्ष के इस कठिन रास्ते पर अज्ञेय का 'दुःसाहसी हेमन्ती फूल' हमेशा साथ रहेगा, अपनी इस बुलन्द घोषणा के साथ—'मेरा युद्ध/प्रकृति की सृष्टियों से नहीं/मानव की/अपसृष्टियों से है।' और यह उम्मीद भी बनी रहेगी कि 'लोहे और कंकरीट के जाल के बीच' पत्तियां रंग बदलेंगी जरूर और एक दिन दुःसाहसी हेमन्ती फूल खिल उठेगा।

संदर्भ

1. डॉ० सावित्री मिश्र के साथ इंटरव्यू में, प्रतिज्ञा प्रतीक (पत्रिका), सं० डॉ० सावित्री मिश्र, अप्रैल-सितम्बर : 1988, अज्ञेय विशेषांक, पृ० 22
2. 'रूपाम्बरा' की भूमिका—'प्रकृति काव्य : काव्य प्रकृति'—अज्ञेय कवि-दृष्टि में संकलित, पृ० 60, लोक भारती प्रकाशन, प्रथम संस्करण : 1983
3. वही, पृ० 62
4. आरंभिक कविताएं—केदारनाथ सिंह, 'अज्ञेय' में, सं० विश्वनाथ प्रसाद तिवारी, नेशनल पब्लिशिंग हाउस, प्रथम संस्करण : 1978, पृ० 30
5. वही।
6. वही।
7, अज्ञेय और आधुनिक रचना की समस्या, रामस्वरूप चतुर्वेदी, पृ० 2, भारतीय ज्ञानपीठ, तीसरा संस्करण : 1990
8. वही, पृ० 8
9. बही, पृ० 5
10. अज्ञेय और आधुनिक रचना की समस्या, पृ० 10
11. वहीं पृ० 5
12. कविता से साक्षात्कार, मलयज, संभावना प्रकाशन, हापुड़, प्रथम संस्करण : 1979, पृ० 36

13. राग-विराग, निराला, सं० राम विलास शर्मा, लोकभारती प्रकाशन, तेरहवां संस्करण : 1988, पृ० 127
14. कवि-दृष्टि, अज्ञेय, पृ० 61
15. आरंभिक कविताएं—केदारनाथ सिंह, अज्ञेय, पृ० 31
16. वही।
17. कविता से साक्षात्कार, पृ० 31-32
18. भोला भाई पटेल द्वारा उद्धृत, अज्ञेय : एक अध्ययन, गुजरात यूनिवर्सिटी अहमदाबाद
19. कला का जोखिम, निर्मल वर्मा, पृ० 73, राजकमल प्रकाशन, द्वितीय संस्करण : 1934
20. हमें भी जीने का हक है—सुन्दरलाल बहुगुणा, नवभारत टाइम्स (दैनिक पत्र) में प्रकाशित, 4 मार्च, 1992
21. 'मौत की घाटी में'—अरे यायावर रहेगा याद, अज्ञेय, पृ० 134-135, नेशनल पब्लिशिंग हाउस, पांचवां संस्करण : 1986
22. हमें भी जीने का हक है—सुन्दरलाल बहुगुणा, नवभारत टाइम्स, 4 मार्च 1992

संदर्भ-ग्रंथसूची

1. सदानीरा, भाग 1, अज्ञेय, नेशनल पब्लिशिंग हाउस, नई दिल्ली, प्रथम संस्करण : 1936
2. सदानीरा, भाग 2, अज्ञेय, नेशनल पब्लिशिंग हाउस, नई दिल्ली, प्रथम संस्करण : 1986
3. ऐसा कोई घर आपने देखा है, अज्ञेय, नेशनल पब्लिशिंग हाउस, नई दिल्ली, प्रथम संस्करण : 1986
4. अरे यायावर रहेगा याद, अज्ञेय, नेशनल पब्लिशिंग हाउस, नई दिल्ली, पांचवां संस्करण : 1986
5. एक बूंद सहसा उछली, भारतीय ज्ञानपीठ, 1960
6. शेखर : एक जीवनी, भाग-1, 2, अज्ञेय, नेशनल पब्लिशिंग हाउस, नई दिल्ली, प्रथम संस्करण : 1984
7. नदी के द्वीप, अज्ञेय, नेशनल पब्लिशिंग हाउस, नई दिल्ली, प्रथम संस्करण : 1984
8. सर्जना और संदर्भ, अज्ञेय, नेशनल पब्लिशिंग हाउस, नई दिल्ली, प्रथम संस्करण : 1985
9. छठवां दशक, बिजयदेव नारायण साही, हिन्दुस्तानी ऐकेडमी, इलाहाबाद, प्रथम संस्करण : 1987
10. अज्ञेय की कविता : एक मूल्यांकन, चन्द्रकान्त महादेव वांडिवडेकर, सरस्वती प्रेस, इलाहाबाद, प्रथम सस्करण : 1971
11. नयी कविता और अस्तित्ववाद, डॉ० रामबिलास शर्मा, राजकमल प्रकाशन, नई दिल्ली, द्वितीय संस्करण : 1987
12. कला का जोखिम, निर्मल वर्मा, राजकमल प्रकाशन, नई दिल्ली, द्वितीय संस्करण : 1984
13. अज्ञेय और आधुनिक रचना की समस्या, प्रो० रामस्वरूप चतुर्वेदी भारतीय ज्ञानपीठ प्रकाशन, तीसरा संस्करण : 1980
14. अज्ञेय, सं० विश्वनाथ प्रसाद तिवारी, नेशनल पब्लिशिंग हाउस, नई दिल्ली प्रथम संस्करण : 1978

15. छायावाद, नामवरसिंह, राजकमल प्रकाशन, नई दिल्ली, चतुर्थं संस्करण : 1988
16. कविता के नये प्रतिमान, नामवरसिंह, राजकमल प्रकाशन, नई दिल्ली तृतीय संस्करण : 1982
17. अज्ञेय : एक अध्ययन, भोलाभाई पटेल, गुजरात यूनिवर्सिटी, अहमदाबाद, प्रथम संस्करण . 1988
18. अज्ञेय : कवि और काव्य, राजेन्द्र प्रसाद, तक्षशिला प्रकाशन, नई दिल्ली, प्रथम संस्करण : 1978
19. कविता से साक्षात्कार, मलयज, संभावना प्रकाशन, हापुड़, प्रथम संस्करण : 1979
20. 'राग-विराग'—निराला, सं० रामविलास शर्मा, लोकभारती प्रेस, तेरहवां संस्करण : 1988
21. कवि-दृष्टि, अज्ञेय, लोकभारती प्रकाशन, इलाहाबाद, प्रथम संस्करण : 1983
22. चिन्तामणि, द्वितीय भाग, आचार्य रामचन्द्र शुक्ल, सं० विश्वनाथ प्रसाद मिश्र, नागरी प्रचारिणी सभा, वाराणसी, द्वितीय सभा संस्करण संबत् 2035 वि०
23. अज्ञेय, रमेशचन्द्र शाह, साहित्य अकादमी, नई दिल्ली, प्रथम संस्करण : 1990
24. The Liberal Imagination, Lionel Trilling. Harcourt Branch Javanovich, New York and London 1979.
25. Life Against Death, Norman O, Brawn, Wesleyan University Press, Seventh Printing, March, 1970.